산둥에서
떠오르는
동아시아를 보다

산둥에서 떠오르는 동아시아를 보다

정근식 · 신혜선 편

진인진

지은이 (집필순)

박수진	서울대학교 지리학과 교수
임현진	서울대학교 사회학과 명예교수
백지운	서울대학교 통일평화연구원 HK연구교수
정근식	서울대학교 사회학과 교수
천나이량陳乃良	강서사범대학 음악학부 부교수
쩡링鄭玲	서울대학교 사회학과 박사과정
찐징위金京玉	조선족 자유작가
윤종석	서울대학교 사회학과 박사수료
신혜선	서울대학교 아시아연구소 선임연구원
김기호	서울대학교 인류학과 박사과정
짜오청궈趙成國	중국해양대학 해양문화연구소

역자

윤종석	서울대학교 사회학과 박사수료
김고운	서울대학교 아시아연구소 학술조교

산둥에서 떠오르는 동아시아를 보다

초판 1쇄 발행 | 2014년 12월 4일

편   저 | 정근식 · 신혜선
발 행 인 | 김영진
발 행 처 | 진인진
등   록 | 제25100-2005-000003호
주   소 | 경기도 과천시 별양동 1-14 과천오피스텔 614호
전   화 | 02-507-3077~8
팩   스 | 02-504-3079
홈페이지 | http://www.zininzin.co.kr
이 메 일 | pub@zininzin.co.kr

ⓒ 진인진 2014

ISBN 978-89-6347-201-0 93300

이 저서는 2013년 정부(교육부)의 재원으로 한국연구재단의 지원을 받아 수행된 연구임(NRF-
2013S1A5B8A01054955).

산둥반도는 한국과 가장 오랜 인연이 있는 중국의 한 지방이다. 중국의 고대 문명을 내표하는 황하가 산둥반도의 북쪽으로 흘러내린다. 이 지역은 고대에 한민족의 원류로 종종 인식되는 동이족의 집단 거주지역이었고, 황해도 지역과는 직선거리로 약 200㎞밖에 떨어져 있지 않다. 오죽했으면 새벽 닭 우는 소리가 들릴 정도로 지척이라고 했을까?

산둥지역은 공자가 살던 시기에는 노나라나 제나라가 있었던 지역이다. 이 때문에 유교의 발상지로 불린다. 수나라와 당나라는 고구려와 전쟁을 할 때 산둥반도의 등주나 그 인근 도시에서 수군을 출발시켰다. 통일신라기에는 장보고가 근거지로 삼았던 석도 법화원이 있는 곳이다. 산둥반도와 한국 사이의 바다는 전쟁과 무역, 문화교류가 중첩된 공간이다.

산둥의 내륙은 중국의 대운하가 지나가고 있고, 산둥반도는 랴오둥반도와 함께 중국의 심장인 북경으로 들어가는 발해만을 싸안고 있다. 발해만의 중심 도시 천진은 북경으로 들어가는 관문이었으므로, 이를 보호하기 위하여 중국의 역대 왕조는 산둥반도와 랴오둥반도에 군사시설을 설치했다. 근대로 국한해서 말한다면, 청은 이 지역에 해군의 주력인 북양함대를 창설했다. 그래서 산둥반도는 1894년에 발생한 청일전쟁의 마지막 전쟁터였다. 웨이하이威海와 칭다오青島는 지난濟南과 함께 산둥반도의 중심도시로, 청일전쟁 후에 영국과 독일에 의

해 조차되었다. 칭다오에는 독일 식민지의 문화적 유산으로 유명한 칭다오맥주가 있고, 웨이하이에는 유공도의 북양함대 유적들이 있다.

산둥의 동남부의 산악지대는 1930년대에 이른바 혁명 근거지로 활용되기도 했다. 중국 내전에서 인민해방군에게 결정적 승리를 안겨준 4차례의 대규모 전투의 하나인 회하전역의 전장과 가깝다. 1980년부터 시작된 중국의 개혁개방에서 산둥은 상대적으로 빨리 공업화를 달성한 지역이 되었다. 이 때문에 한국의 기업들도 비교적 활발하게 진출하였고, 동북 3성의 조선족들이 많이 이주한 곳이기도 하다. 최근에는 포도주 산업을 진흥하려고 하면서 해양대국으로의 발전을 위한 전초기지를 발전시키려고 한다.

이 책은 서울대학교 아시아연구소의 중점연구소 사업의 하나로 기획되었다. 근래에 중국의 부상과 함께 동아시아가 정치적으로나 경제적으로 격동하고 있다는 점을 감안하여, 격동의 현장에서 한국과 동아시아를 바라본다면 우리의 현재 뿐만 아니라 미래도 창조적으로 구상할 수 있을 것이라는 기대가 깔려 있었다. 2013년 여름, 아시아연구소는 첫 번째 답사 지역으로 산둥반도를 택했다. 사회과학대학 교수들과 함께 이 지역을 답사하고 산둥지역에 관한 책을 출간하기로 결정하였다. 답사 시작 이전에 산둥 지역에 관한 연구 주제와 각각의 주제를 담당할 연구자들을 잠정적으로 선정하고, 연구 주제와 관련이 있는 장소를 답사지역에 포함시켰다. 답사는 칭다오, 옌타이烟台, 웨이하이를 중심으로 이루어졌다. 칭다오에서는 총영사관의 산둥지역에 관한 개황과 한국 기업의 현황을 들었으며, 이어 독일 식민지 유산을 답사하고, 또 영원무역이 설립한 봉제공장을 방문하였다. 옌타이에서는 산둥지역의 포도주 생산시설을 둘러보고, 웨이하이에서는 유공도의 북양해군 및 청일전쟁 유적지를 둘러보았다. 답사 후 총 11편의 글을 모았다. 산둥반도의 지리적 배경과 역사를 일별한 후 현재의 모습을 검토하는 방식으로 이 글들을 배치하였다.

이번 답사를 후원한 3 Plus Logistics 김영석 회장과 편의를 제공해주신 영원무역 성기학회장께 특별히 감사드리며, 한인 기업 현황을 설명해준 칭다오 총영사관에도 감사드린다. 아시아연구소의 창립을 주도하고 정년을 맞으신 임현진 교수의 애정과 헌신을 잊을 수 없다. 마지막으로 중점연구소 사업의 공동연구진 외에 이 책에 기고해준 여러분의 헌신이 없었다면 이 책은 만들어질 수 없었을 것이다. 이 책을 출발로 하여 아시아의 격동의 현장에서 우리를 성찰하는 프로그램이 더욱더 발전하기를 기대한다.

2014년 12월,
필자들을 대표하여 정근식 씀.

차례

• 일러두기 : 외래어는 국립국어원 외래어표기법에 맞추려 했다. 일부 간자체와 번자체 그리고 현지어 표기와(예, 칭다오)와 한자음 표기(예, 청도)가 섞여 있는 것은 독자들이 이해하기 쉬운 쪽으로 필자들이 선택한 것이다.

박수진

산둥반도에서 본
중국의 땅 이야기*

"산둥반도는 칼같이 뾰쪽하게 한국을 찌르는 모양인데, 이런 걸 풍수에서 어떻게 보나?" 칭다오행 비행기 탑승을 기다릴 때 동행했던 선배가 불쑥 던진 질문이다. 외교현장에서 오랜 기간 실무를 경험했고, 국제관계에 대한 안목이 누구보다 높다고 평가받는 분이다. 웃자고 하는 이야기가 아닐 것이다. 지리학과에 적을 두고 있으면 가장 자주 받는 질문이 풍수를 잘 아느냐라는 것이다. 풍수지리와 현대 지리학과는 차이가 있다는 것을 사람들은 잘 모른다. 특히 풍수가 오랜 경험이 축적된 아시아의 전통지리사상이라는 주장을 하기 시작하면서부터는 날 반풍수쯤으로 여긴다. 어디서부터 시작할까? 풍수와 지리는 엄연히 다른 영역이라는 이야기부터 할까? 그런 건 미신입니다라고 할까? 아님 사실 저 풍수 잘 몰라요라고 할까? 잠시 머뭇거리는 사이 옆에 있던 다른 분이 "그게 칼인가? 남자 'OOO' 아닌가?"라고 끼어들었다. 이 한 마디가 모두를 웃게 만들었고 화제는 자연스

* 이 글은 2010년 정부(교육부)의 재원으로 한국연구재단의 지원(NRF-2010-413-B00006)을 받아 수행된 연구의 일부분임을 밝힌다.

럽게 '19禁'으로 넘어갔다. 역시 사람 사는 이야기가 땅이야기보단 재밌나 보다…

우문현답을 못했다는 자책감으로 비행기 앞자리에 꽂혀 있는 잡지 속의 중국지도를 한참 들여다 보았다. 정말 미끈하게 생긴 대륙동부에서 산둥반도는 유별나게 뾰족 나와 있다. 그리고 분명 그 끝이 한반도의 배부분(중국 칭다오는 한국의 군산과 위도가 비슷하다)을 향하고 있다. 풍수에는 형국론形局論이라는 것이 있다. 땅의 모양을 동물이나 사물의 모양에 빗대서 설명하는 방식이다. 산봉우리가 뾰족하게 붓같이 생겨서 문필봉文筆峰이고, 소가 누워있는 모습이라고 해서 와우형蝸牛形이라고 한다. 복잡하기 이를 때 없는 땅의 모양을 설명하기 위한 굉장히 영리한 방법이다. 나름 오랜 기간 고민해봤지만, 이것보다 더 좋은 방법을 발견해내지는 못했다. 하지만, 오해의 소지가 있다. 사람마다 빗대는 대상이 다를 수 있고, 땅을 소·말·돼지로 설명하는 방식이 왠지 천박스럽다. 풍수를 미신이라고 생각하게 만드는 중요한 원인 중의 하나다. 라틴어나 영어로 그렇게 설명했더라면 풍수는 좀 더 다르게 받아들여졌을 수 있을 것 같다.

산둥반도를 칼로 보느냐 마느냐는 사람에 따라 달라질 수 있다. 굳이 심리학자 흉내를 내자면 칼로 보는 사람에게는 중국이 한국에 어떤 해를 줄 수 있을 것이라는 잠재의식이 깔려 있을 것이다. 더 넓은 평지에서 생산되는 저가의 농산물이 한국으로 수입된다면 분명 한국 농민들은 엄청난 피해를 감수할 수밖에 없다. 육즙이 많고 감칠 맛 나는 한국 배는 우리만의 특산물이라고 생각했었다. 그런데 기후와 지형이 비슷한 산둥반도에서는 한국보다 수십배 규모의 배농가가 즐비하다. 만이 많고 해안선이 긴 청정해역 산둥반도는 어업의 최적 조건을 가지고 있다. 그곳에서 생산된 수산

비행기에서 내려다본 산둥반도의 농경지
관계시설이 잘 갖추어져 있으며, 주거지들이 집단화되어 있는 것은 한국과 큰 차이점이다.

물이 한국으로 쏟아져 들어오면 한국의 영세한 어민들에게 막대한 피해를 줄 것이라는 것은 쉽게 예측이 가능하다. 제조업도 마찬가지다. 한때 한국의 장신구를 생산하는 기업의 70% 정도가 산둥반도로 이전했다. 당연 한국 내의 일자리들은 사라졌다. 고도성장기에 대학을 다녀 '청년실업'이라는 단어를 알지 못했던 나로서는 지금 가르치고 있는 대학생들이 너무 안쓰럽다. 가이드와 영사관에서 전해들은 이런 이야기들은 정말 산둥반도가 칼로 느껴지게 만든다.

반면 낯 뜨거워지는 이야기지만, 인간의 성기는 분명 융합과 생산의 상징이 아니던가? 중국이 한국과 자연스럽게 융합되어 뭔가 새로운 것을 생산할 수 있다는 상상을 한다면, 산둥반도의 모양은 전혀 다른 의미로 다가온다. 칭다오에서 가장 많이 듣는 이야기가 산둥반도는 중국 속의 한국이라는 이야기다. 일단 거리상으로 한국과 가깝다. 한국에서 들려오는 닭울음소리에 산둥사람들이 잠을 깬다는 이야기가 있다. 그만큼 역사적으로 왕래가 잦았고, 장보고를 비롯한 많은 한반도 사람이 산둥을 근거로 활동했다. 그런 거리의 이점 때문인지 현재 한국에 거주하고 있는 화교의 90% 이상이 산둥출신이란다. 땅의 모양도 산과 구릉지가 많아 중국보다 한국에 가깝다. 그래서인지 중국의 요리 중 산둥음식이 한국인의 입맛에 가장 잘 맞는다고 한다. 지난 60여 년간 실질적인 섬에서 살아왔던 '섬사람'의 입장에서 산둥반도는 중국을 넘어 유라시아대륙을 넘나들 수 있는 최적의 장소이다. 땅은 생긴 그대로 두어야 한다는 주장에 동조하는 편이지만, 산둥반도와 한국 사이에 해저터널을 뚫겠다는 정치가들의 목소리에 솔깃하는 이유다.

산둥반도가 한국에게 칼이 될지 융합의 장소가 될지는 판단하기는 쉽지 않다. 빛이 있어야 그늘이 만들어 지듯, 분명 둘 다 가능할 것이다. 이 책의 다른 분들이 경제·사회·정치·문화 모든 면에서 나름대로 전문가적인 손익계산을 해줄 것으로 기대한다. 나는 나에게 주어진 원래 임무로 돌아가 산둥반도라는 땅이 왜 그렇게 생겼고, 그것이 중국과 우리에게 어떤 의미가 있는지에 대한 이야기만 해본다.

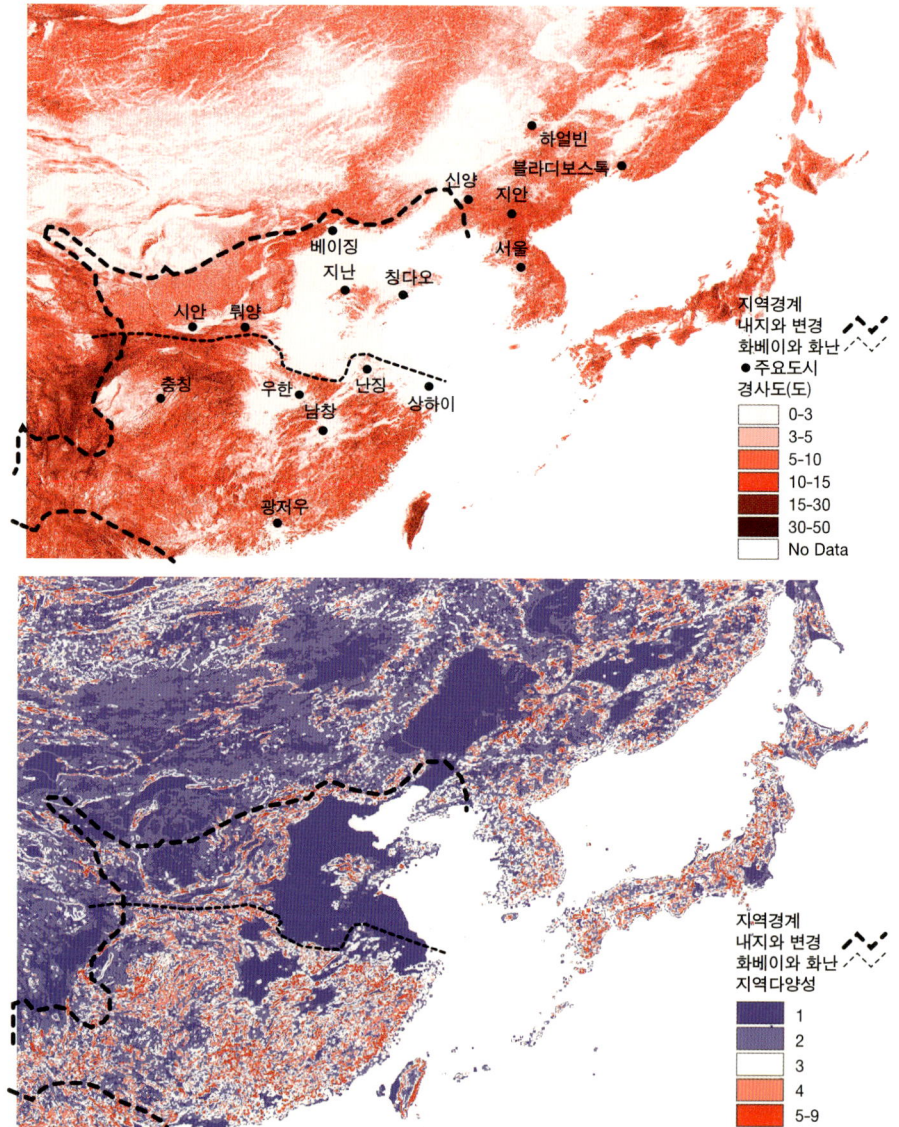

〈그림 1〉 아시아의 경사도(上)와 지형의 복잡성(下)

붉은 색이 진하면 경사가 급하다는 것을 의미한다. 반면 복잡성의 경우에는 푸른색은 비교적 단순한 지형을 그리고 붉은 색은 요철이 심한 지형을 의미한다(출처: 저자 작성)

〈그림 1〉은 내가 오래전부터 산둥반도를 꼭 가봐야겠다는 결심을 하게 만들었다. 윗그림에서는 붉은 색이 진해지면 경사도가 높아진다는 것을 의미한다. 그리고 아래 그림에서 붉은 색이 진해지면 땅이 복잡해지는 반면, 푸른색은 단순하고 평탄한 지형을 의미한다. 한국과 일본은 예상했던 대로 경사도도 높고 땅의 모양이 복잡하고 다양하다. 중국의 남부와 남서부는 훨씬 더 경사도가 높고 다양한 형태를 보인다. 이 그림의 남서쪽에는 그 유명한 히말라야 산맥이 있다. 인도대륙이 유라시아 대륙과 충돌하는 힘에 의해 지각이 밀려올라가서 큰 산맥이 만들어졌고, 그 힘의 여파가 북동쪽으로 영향을 주면서 험준한 지형이 만들어졌다. 중국지리서에 의하면 히말라야에서 황해까지 모두 4단의 계단 모양의 땅이 나타난다고 한다*. 반면, 산둥반도를 중심으로 그 서쪽은 명확한 반원형의 평지가 나타난다. 이곳이 바로 허베이평원華北平原이다. 허베이평원을 둘러싸고 있는 경사지에는 북쪽에서부터 베이징北京, 바오딩保定, 안양安陽, 옌청延城 등의 도시들이 줄지어 있다. 그리고 이 넓은 허베이평원의 중심이 산둥반도이다. 산둥반도의 내륙쪽으로는 지난濟南과 웨이팡維坊이 위치한 비교적 높은 산지가 위치해있고, 반도상에는 칭다오青島와 웨이하이威海가 위치한다.

이 그림을 보고 가장 궁금했던 점이 이렇게 넓은 허베이평원이 어떻게 만들어졌는가였다. 한반도 전체를 2개 정도는 넣어도 될 완벽에 가까운 평지다. 그 다음 질문이 왜 산둥반도는 다른 지역과 다르게 평원 위에 섬같이 남아 있을까였다. 세 번째 질문은 이 넓은 평원이 중국역사에서 과연 어떤 역할을 했을까라는 의문이었고, 마지막이 그러면 우리나라에게는 어떤 의

---

* 김추윤·장삼환, 1995, 『중국의 국토환경』, 대륙연구소출판부.

미가 있을까였다. 앞의 두 질문은 지형학*적인 질문으로 상당히 정답에 가까운 대답이 이미 나와 있다. 하지만, 나머지 두 개의 질문은 어쩔 수 없이 저자의 추론이 섞일 수밖에 없는 질문이다.

:::성장하는 땅 중국

중국문명은 황허가 만들어 놓은 산물이다. 황허는 히말라야 산맥 한쪽에서 발원하여 장장 5,463㎞를 달려 황해로 들어간다. 한강 길이가 514㎞ 정도이니 길이 면에서 한강의 10배에 이른다. 고산지대를 지나고 황토고원에서 수많은 지류들을 합치는 과정에서 황허는 엄청난 양의 토사를 운반한다. 중국의 황토고원은 바람에 날려서 퇴적된 흙, 즉 러스^{loess}라고 하는 풍적토들이다. 입자가 모래보다 고운 미사로 바람과 물에 의해 잘 쓸려 내려가는 특징을 가지고 있다. 1㎥의 황허물이 운반하는 토사의 양이 많을 때는 34kg에 달한다**. 이집트 문명의 모태가 된 삼각주를 만든 나일강이 1㎥당 1kg의 토사를 운반한다고 하는데, 황허는 도대체 얼마나 많은 흙은 퍼 날랐을까? 그 대답이 허베이평원이다. 황허로 운반된 토사가 바다를 만나면서 해안에 쌓이게 되면서 중국의 해안선은 점차 황해 쪽으로 전진하게 된다. 현재 황허의 끝부분에 놓여 있는 반달형의 삼각주를 보면, 그리고 허베이평원이 지난 7,000년간 서쪽으로 전진한 속도를 보면 발해만이 황토로 채워

---

* 지형학(geomorphology)이란 땅의 모양을 분류하고 그것이 형성되는 과정을 밝히며, 나아가서 인간의 생활과 어떤 관련성을 가지고 있는 지를 연구하는 학문분야이다.
** www.wikipeida.com의 yellow river 항목에서 인용(2014년 4월 20일).

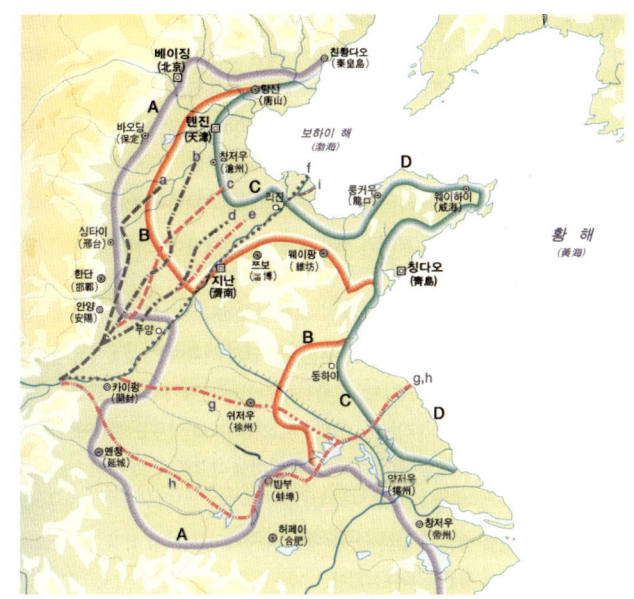

해안선의 위치

A: 약 7,000년 전 해안선, 산둥반도를 둘러싼 화중 허베이평원 대부분이 해안선 밑이었다. 베이징과 옌칭, 양저우 등이 해안선 근처에 있었다.

B: 약 4,000년 전 해안선, 황허의 토사로 인해 지난, 웨이팡 등에 해안선이 있었다.

C: 약 2,000년 전 해안선, 웨이하이는 이때부터 해안선에 가깝게 놓였다.

D: 오늘날의 해안선으로 서기 900년경에 대체적인 형태기 만들어졌다. 하지만, 아직도 황해쪽으로 해안선은 계속 전진하고 있다.

〈그림 2〉 중국 허베이평원에서 지난 7,000년 동안 나타난 해안선 변화와 황허의 유로변동
(출처: 서무송 외*, 2004)

질 날이 그렇게 멀지 않은 시기에 현실이 될 가능성도 있다**.

황허와 허베이평원은 중국문명의 요람이지만, 다른 한편으로는 '중국의 슬픔'이다. 황허가 동쪽의 높은 경사지를 벗어나 허베이평원으로 접어들게 되면, 갑자기 물의 속도가 감소하면서 안고 있던 토사를 내려놓게 된다. 이 때 쌓인 흙들로 인해 강물이 주변지역보다 높게 흘러 천정천天井川이 만들어진다. 그러다 어느 곳의 둑이 터지면 황허는 물길을 바꿔 엉뚱한 곳으

---

* 서무송·서인명·서원명, 2004, 『중국지리답사기』, 푸른길, p.121.

** 막상 최근에는 황허의 삼각주 규모가 조금씩 줄어들고 있다고 한다. 황허를 따라 지어진 댐들에서 토사들이 더 이상 흘러가지 못하고 있으며, 댐과 주변농경지의 관개로 인해 봄에는 물이 흐리지 않는 경우도 있다. 관개로 사용되는 황허물의 양이 1970년대에 비해 무려 5배나 증가했다고 한다(www.wikipeida.com의 yellow river 항목에서 재인용).

로 흐르기도 한다. 1855년까지는 산둥반도의 북쪽에서 이리저리 유로를 바꾸면서 흐르다가 어느 때부터는 산둥반도 아래로 흘렀다고 한다. 그러다가 1946년부터는 다시 현재와 같이 반도의 북쪽으로 흘렀다. 하구의 거리가 300km가 넘게 떨어져 있는 거리를 하룻밤 사이에 움직여 다녔다는 사실이 신기하기만 하다. 이런 자연의 신비는 인간에게는 큰 골칫거리가 아닐 수 없다. 둑이 터지고 저평한 허베이평원으로 물이 쏟아지면 그곳에 살던 사람들은 꼼짝없이 물난리를 겪게 된다. 그 피해의 규모는 상상을 초월한다. 1931년 대홍수로 1~4백만 명이 죽었다. 1887년에는 9십만에서 2백만 명의 사망자를 냈다. 1332~1333년에는 무려 7백만 명이 죽었다*. 물론 이 숫자 중에는 익사한 사람보다는 이어진 흉년으로 생긴 아사자와 전염병으로 죽은 사람들이 더 많다. 황허의 이런 특성은 심지어 전쟁에 이용되기도 하였다. 중일전쟁 중이었던 1938년, 중국군들이 전진해오는 일본군을 저지하기 웨이하이 제방을 의도적으로 파괴하였다. 그 피해를 복구하는 데 꼬박 9년이 걸렸다고 한다. 정확한 통계는 아니지만, 지난 3,000년간 황허가 범람한 것은 1,593번, 대규모로 유로가 변경된 것은 26번에 달한다**. 그때마다 얼마나 많은 사람들이 눈물을 흘렸을까? 이런 상황이다 보니 중국역대 왕들의 치적과 실수를 논할 때마다 빠짐없이 등장하는 것이 치수^{治水}문제다***.

---

* 이 숫자들이 놀랍다면 1990년대 후반 북한에서 일어났던 고난의 행군에도 관심을 기울일 필요가 있다. 당시 연이은 집중호우와 그에 따른 홍수로 공식적으로는 60만 명, 비공식적으로 2~3백만 명의 아사자가 발생했다고 한다. 자연의 힘은 때로는 사람을 정말 미미한 존재로 만들고 만다.

** 호아상·팽인옥(이익희 옮김), 2004, 『중국지리오디세이』, 일빛, p.359.

*** 왕상회, 2010, 「중국 고대 수리시설의 특징과 변천양상」, 『중원문화연구』14, pp.1~21.

중국을 다녀온 사람들은 이구동성으로 공기가 나쁘다고 한다. 창문을 열면 문틈에 소복이 쌓여 있는 먼지는 일상이다. 우리는 언제부턴가 중국발 미세먼지로 골머리를 앓고 있다. 우리나라에서 편의상 중국 내몽골과 동북부의 사막에서 불어오는 흙먼지를 황사, 그리고 그보다 남쪽의 허베이 평원쪽에서 불어오는 먼지와 대기오염 오염물질을 미세먼지라고 분류한다. 하지만, 둘 다 결국은 황토고원과 허베이평원의 고운 흙들이 주범이다. 그 고운 흙들이 땅이 건조하면 바람에 날려 한국까지 날아오는 것이다. 과거 초지 혹은 산림으로 덮여 있던 곳이 점차 농경지와 사막으로 변하면서 점점 떠다니는 먼지의 양이 많아지게 된 것은 중국 발전의 피할 수 없는 이면이다. 특히 최근 농작물 재배를 위한 관개의 증가는 지하 수위를 낮추는 역할을 하게 된다. 지하수는 모세관 현상을 통해 지표의 습기를 높여주는 역할을 한다. 그런 지하수의 수위가 내려가면 지표가 더 건조해지고, 바람이 불면 먼지로 떠다닐 가능성이 높아진다. 우리는 항상 중국의 공업화로 인한 대기오염을 탓하지만, 흙이 그렇게 생겼고 우리나라로 불어오는 바람이 편서풍인 이상 중국발 먼지에서 자유롭지는 못할 것 같다.

::::만남과 융합의 땅 산동

두 번째 질문. 그러면 산둥반도는 왜 이렇게 섬처럼 남아있을까? 이 질문에 대한 답을 위해서는 시간적으로 좀 더 먼 이야기가 필요하다. 많은 사람들에게 생소한 이야기겠지만, 원래부터 한반도는 분단되어 있었다. 한반도의 북부지방을 구성하는 땅덩어리를 낭림육괴^{Nangrim block}라고 하고, 경기도와 강원도, 그리고 충청도를 구성하는 땅은 경기육괴^{Kyeongi block}라고 부른다.

칭다오의 구시가지 전경
구릉성 산지가 잘 발달하고 있어 한국의 전형적인 도시풍경과 무척 닮아 있다.

그리고 경상도를 구성하는 땅은 영남육괴^{Yongnam block}라고 부른다*. 오래 전 낭림육괴와 영남육괴는 산둥반도 이북의 중국땅과 더불어 중한지괴^{Sino-Korean Block}를 만들어 적도 부근에 위치하고 있었다. 반면, 경기육괴는 남중국대륙과 함께 양쯔지괴^{Yantz Block}를 이루면서 남반구 중위도 지역에 위치해 있었다**. 이 두 개의 땅덩어리가 언제부턴가 북쪽으로 서서히 움직여 현재의 위치로 이동해 왔다. 이 과정에서 먼저 중한지괴가 유라시아대륙과 부딪히면서 충돌하였고, 그 과정에서 영남육괴는 분리되면서 틈이 벌어졌다. 그 사이를 이어서 북진하던 경기지괴가 끼어들면서 현재의 모습이 만들어

---

* 박수진 · 손일, 2005, 「한국 산맥론(Ⅰ) : DEM을 이용한 산맥의 확인과 현행 산맥도의 문제점 및 대안의 모색」, 『대한지리학회지』 40(1), pp. 126~152.

** 이윤수 · 조문섭, 2004, 「두 대륙이 충돌해 한반도 형성」, 『과학동아』, 2004년 4월호.

졌다는 것이다. 너무 멀게 느껴질지 모르겠지만, 1억 8천만 년 전 일어난 일이다.

중한지괴와 양쯔지괴의 충돌은 엄청난 힘을 땅에 전달했고, 그 과정에서 중고등학교 지리시간에 많이 들어봤던 랴오둥 방향과 중국방향의 구조선들이 만들어졌다. 좀 더 쉽게 표현하면 한국의 땅이 중국쪽을 바라보면서 평행하게 큰 주름이 잡힌 것이다. 그래서 태백산맥을 제외한 우리나라의 주요 산맥들이 대부분 중국쪽으로 향한다. 그 사이를 하천이 흐르면서 낙동강을 제외한 우리나라 대부분의 큰 강들이 황해로 흐른다. 당시의 상황이 어땠는지는 지금 인도판이 중국대륙에 부딪치는 모습을 상상해보면 좀 더 쉽게 이해할 수 있다. 산둥반도와 타이산을 잇는 선이 당시 충돌한 장소로 알려져 있으며, 그 연장선이 백령도를 지나 한반도에서는 황해도와 북한의 강원도로 이어진다*. 큰 산맥이 만들어졌을 것이며, 지각물질이 녹거나 변형되어 새로운 광물과 암석이 만들어졌다. 산둥반도는 중국의 대표적인 다이아몬드 산지이다. 다이아몬드는 다른 몇가지 광물과 더불어 고온고압을 일으킨 대륙충돌의 증거가 된다. 통일이 되면 다이아몬드를 찾아 임진강 주변으로 꼭 가볼 생각이다.

대륙충돌로 인해 높이 솟았던 산들이 오랜 시간 깎이면서 지금까지 남아있는 산과 구릉지들이 산둥반도와 그 내륙의 타이산과 주변지역이다. 허베이평원이 만들어지기 시작한 7,000년 전까지는 황해에 떠 있는 진짜 섬이었겠지만, 이후 황허의 토사로 인해 중국대륙에 연결되게 된 것이다. 허베이평원을 구성하고 있는 미사와는 달리 이곳의 암석은 침식을 통해 바다로 들어가고, 그 중 일부는 다시 만으로 돌아와서 금모래 해안을 만들게 된다.

---

* 한국에서는 이 지역을 임진강대라고 하고, 중국에서는 탄루단층대라고 부른다.

칭다오에 있는 사빈해안
중국에서 보기 드문 모래 해수욕장으로 여름철에서는 전국에서 관광객들이 모여들어 인산인해를 이룬다고 한다.

황화와 양쯔강의 토사가 만들어 놓은 뻘들이 대부분인 중국의 동부해안에서 산둥반도의 모래 해수욕장들은 중국인들이 즐겨 찾는 관광지가 된다. 반면 바다로 돌출한 곳은 수심이 깊어 항구로 그리고 경승지로 이용된다. 중국정부가 2009년 발표했다는 산둥반도 '남색경제^{Blue Economy}구역 발전계획'은 이런 지리적, 지질적 이점을 최대한 활용해보자는 내용이다. 참고로 그 배경을 발췌해서 옮겨본다*.

산둥반도의 해양공간자원은 풍부하고, 해안선의 총 길이가 3,345㎞로서 전국의 1/6를 차지하고 있다. 이외에 200여 개 해만, 10,000톤 이상의

---

* 한중해양연구센터, 2011, 산둥반도 Blue Economy 구역 발전계획(http://www.ckjorc. org/ka/view.asp?id=1007)

항구 후보지 50여 개, 모래사장 등 천연자원의 보유는 전국 상위수준이다. 또한, 500㎢ 이상의 도서가 320개 있으나 대부분이 개발되지 않은 상태이며, 해양공간자원의 종류가 다양하여 개발 및 건설할 수 있는 공간이 크다. 해양 생물자원, 에너지, 광물자원이 산둥성에 결집되어 있다. 그 중 해양광물자원은 매우 풍부하다. 해양 석유가스 매장량 23.8억 톤, 중국의 가장 큰 바다 탄전인 용구 탄전의 누계 자원 매장량 9.04억 톤, 해저 금광자원의 잠재량 100톤 이상, 지하 간수자원 1.4억 톤이 매장되어 있다. 해상 풍력에너지 및 지열자원개발 가치가 크며, 조력에너지, 파력에너지 등 해양 신에너지자원이 풍부하고 개발의 잠재력이 매우 크다고 판단하고 있다.

산둥반도의 해양과 자원을 근간으로 한 야심찬 발전 계획은 많은 에너지와 오염을 배출할 것이다. 현재 산둥반도의 옌타이 북쪽에 대규모 원자력 발전소 단지를 건설하고 있다는 소식이 있다. 산둥반도가 만들어진 과정을 생각한다면 개인적으로 많은 우려를 하게 된다. 중한지괴와 양쯔지괴가 충돌한 탄루단층대는 바로 옌타이시 남쪽을 지나고 있다.[*] 오래전 충돌 흔적이지만, 많은 충격을 받았기 때문에 상대적으로 지진의 발생가능성이 높을 수밖에 없다. 더불어 평안남도에서 태안을 잇는 선은 한반도내에서 지진이 가장 빈번하게 나타나는 곳이다[**]. 얼마 전인 2014년 4월 1일에도 태안반도에서는 진도 5.1의 지진이 발생하였다[***]. 그럴 일이 없기를 바라지만, 쓰나미의 위험성이 없는 것은 아니다. 2011년 동일본 대지진과 후쿠시마 원전사고를 TV를 통해 직접 목격한 입장에서는 석연치 않은 느낌을 지울 수 없다. 그나마 후쿠시마 원전의 경우에는 탁월풍의 영

---

[*] 뉴스데일리, 2014년 4월 1일. 일본과 중국 '탄루단층대' 사이 낀 한반도. 태안 앞바다 5.1 지진, 중국發 핵재앙의 전조? (http://www.newdaily.co.kr/news/article.html?no=198388)

[**] 박수진, 2007, 「한반도의 지반운동(I): DEM 분석을 통한 지반운동의 공간적 분포 규명」, 『대한지리학회지』 42(3), pp.368~387.

[***] 이 지진은 1978년 지진관측이래 4번째 규모의 지진이라고 한다.

향으로 한반도가 오히려 방사능 오염에서 가장 안전한 곳이었다. 왜냐하면 한반도로 날아오는 방사능물질은 지구를 완전히 한바퀴 돌아야 가능했기 때문이다. 하지만, 매년 겨울과 봄에 불어 닥치는 황사와 미세먼지를 보면서, 중국의 원자력 발전소는 우리에게 직접적인 위협이 될 수밖에 없다는 점이 걱정스럽다.

:::수리제국 중국

여기서 허베이평원과 산둥반도가 중국의 역사에는 어떤 영향을 미쳤는지 생각해본다. 개인적으로 중국이 그렇게 큰 나라로 그리고 다민족 국가로 유지되는 이유가 궁금했었다. 그래서 기회가 날 때마다 중국사나 중국정치를 전공하는 분들에게 묻는다. 돌아오는 대답 중에서는 중국이 오래전부터 시행해왔던 과거제도를 통한 지방인재의 기용이 주효했다는 이야기도 있고, 한자를 통해 소통이 가능했다는 것이 통합의 결정적인 요인이라는 해석도 들었다. 어떤 사람은 중국은 한 개의 국호를 사용하지만, 많은 나라들의 연합체일 뿐이라고 주장하기도 한다. 모두 일리가 있지만, 납득이 되지는 않았다. 〈그림 2〉를 처음 본 뒤 내가 가지게 된 생각은 황허와 양쯔강이 중국을 하나의 나라로 만드는 데 결정적인 역할을 했다는 것이다.

허베이평원과 양쯔강이 만든 장강평원은 엄청난 토지생산량을 가진 땅이지만, 큰 강의 범람원이라서 막대한 재원과 인력을 동원할 수 있는 강력한 군주제가 없다면 쉽게 접근하기 어렵다. 주기적인 유로변경과 범람으로 인한 재난의 역사는 이미 기술한 것과 같다. 몬순지역에 속한 중국은 한국과 마찬가지로 여름에 비가 60% 이상 집중된다. 건조한 봄에 파종을 한다고 해도 여름 홍수로 인한 범람은 농경을 어렵게 한다. 반면, 배수가 잘되는 미사토라서 비가 오지 않는 봄과 가을에는 금방 가뭄이 생긴다. 특히 상류가 건조지역을 통과하는 황허의 경우에는 가뭄에는 강물이 말라버리는 경우가 허다하다. 이런 땅을 사람이 이용할 수 있는 농경지로 바꾸기 위해서는 수로와 운하를 통해 지하수를 낮춰 고인물을 빼내고, 가뭄이 생기는 곳에는 저수지와 수로를 만들어 물을 공급하는 것이 가능해야 한다. 그런데 허베이평원이 어떤 땅이던가? 한국의 2~3배되는 크기의 땅을 이런 식으로 간척하려면 엄청난 재원과 노동력이 필요하다.* 그것이 가능하기 위해서는 강력한 진제장치가 반드시 필요하다. 그리고 기칠 깃 없는 평지를 관리하기 위해서는 권력들간의 끊임없는 이합집산과 경쟁이 불가피했을 것이다. 하지만 이 모든 것이 수습되고 간척된 땅에 기반한 국가는 엄청난 생산력을 가지고 상류지역을 위협할 수 있는 능력을 가지게 된다. 특히 하천을 따라서는 이동이 쉽기 때문에 상류지역을 쉽게 위협할 수 있다. 경사가 급해서 혹은 강우량이 부족해서 많은 인구와 집중적인 토지이용이 불가능했던 상류지역의 사람들은 필요에 의해서 혹은 강제로 하류지역에 기댈 수밖에 없는 처지가 되었을 것이다.

중국역사를 들여다보면 끝없이 이어지는 연표 앞에 금방 고개를 숙이고 만다. 결국 영웅호걸들의 사랑과 우정, 그리고 배신과 전쟁이야기로 빠져

---

* 하천주변의 고대문명을 설명하는 이론으로 수리제국(hydraulic empire) 이론이 있다. 이 이론에서는 문명의 근간이 되는 하천을 관리하기 위해서는 많은 재원과 인력을 동원할 수 있는 강력한 중앙권력, 그리고 그 권력을 지원해줄 수 있는 정치 및 기술관료들로 이루어진 전제왕정이 필요하다는 것이다. 중국 고대문명은 수리제국이론의 대표적인 예로 알려져 있으며, 이집트 문명, 메소포타미아 문명, 인더스 문명, 그리고 남미의 멕시코와 페루의 고대문명들도 비슷한 맥락에서 설명되고 있다(Wittfogel, K., 1957, *Oriental despotism; a comparative study of total power*. New York: Random House).

들고 중국역사는 무협지에서 읽은 내용과 착각하게 된다. 하지만, 막상 각 나라의 영토를 지도로 표시해보면 그 역사가 생각보다는 훨씬 단순하게 정리된다. 잘 모르는 사람이 중국 역사를 난도질한다는 비난을 받을 여지가 있지만, 필자는 중국의 역사를 아래의 4개 시기로 구분해보고자 한다. 그 전에 중국의 중요한 지리적 특징에 대해서 먼저 잠시 살펴보자.

먼저 중국의 지역구분법이다. 미국과 맞먹는 크기를 가진 중국은 역사적으로 2개의 지역구분법이 정통성을 가지고 통용되었다고 한다*. 첫 번째는 허베이華北와 화난華南으로 구분하는 것이고, 두 번째는 내지內地와 변지邊地로 나누는 방법이다(그림 1의 지역구분 참조). 허베이와 화난의 구분은 대체로 황허유역과 양쯔강 유역 이남의 구분과 유사하다. 히말라야 산맥에서 남동쪽으로 이어져 내려온 거대한 산줄기가 친링산맥秦嶺山脈과 다베산맥大巴山脈이 되어 중국을 크게 양분한다. 허베이평원에 와서 그 산줄기가 불명확해지기는 하지만, 양쯔강 위의 회하를 따라 황해에서 양쯔강과 만나게 된다. 이 선의 위쪽을 허베이라고 하고, 그 남쪽을 화난이라고 구분한다. 허베이지방은 그야말로 평지에 가깝다. 반면 화난지방은 한국만큼이나 복잡한 지형적 특징을 보이며, 경사도도 높다(그림 1). 허베이와 화난지방의 또 다른 차이는 기후적인 측면에서 화난은 고온습윤한 반면, 허베이는 건조한 기후를 보인다. 장강과 주강은 유로와 물의 양 모두에서 황허보다는 훨씬 안정적이며, 또 그만큼 이용하기가 쉽다. 다만 지형적으로 복잡하다보니 허베이지역과 같은 통일된 대규모 국가를 만들기는 어려운 자연적인 조건을 가지고 있다. 수리국가라는 관점에서 보면 강력한 정치주체의 필요성이 상대적으로 적었으며, 많은 소수민족들이 유역을 따라 독립적으로 거

---

* 류제헌, 1999, 중국역사지리, 문학과지성사, pp. 31~40.

주할 수밖에 없는 환경이다.

중국을 내지와 변지로 나누는 구분법에서 내지란 허베이와 화난을 포함한 지역이다. 크게 보면 허베이평원을 중심으로 그 주변의 구릉지와 산지를 포함하는 도넛 모양의 지형이며, 산둥반도가 그 중심에 놓여 있다. 반면 변지란 내지를 둘러싸고 있는 주변지역으로 남서부의 고산지역과 북쪽의 건조지역이 여기에 포함된다. 내지는 한족의 생활근거지이며, 관개에 근거한 농경이 주가 되었다. 당연 인구밀도가 높다. 반면, 변지는 경사 혹은 기후의 영향으로 정착농경이 쉽지 않다. 유목을 주 생산활동으로 하였으며, 당연히 인구밀도는 희박하고, 소수민족이 주요 구성원이다. 이 곳이 중국땅이된 것은 청나라가 내지를 침공한 이후였다. 지금도 이곳은 대부분 소수민족의 자치주라는 형태로 중국에 속하고 있다.

지역구분과 더불어 중국의 기후변화에 대해서도 언급이 필요하다. 중국의 해수면 변화에서도 보았지만, 지난 5,000여 년간 중국이 지금과 같은 모습을 가지고 있었을 것이라고 생각하는 것은 큰 착각이다. 기후는 대체로 몇십 년 혹은 몇백 년을 주기로 변한다. 중국의 경우도 예외는 아니라서 역사시대의 평균기온이 지금보다 2°C 이상 높았던 때도 있었고 그 반대도 있었다. 지난 5,000년간 고기후를 살펴보면, 기원후 1,300년을 전후로 온난기와 한랭기로 나뉘며, 다시 4번의 온난기와 4번의 한랭기가 반복적으로 나타났다(그림 3 참조). 최근 고기후자료와 중국의 전쟁 및 왕조의 변화자료를 분석한 논문에서 한랭기 동안에는 전쟁이 자주 발생하고 인구가 줄었으며, 결국에는 왕조가 바뀌는 격변이 일어났었다는 보고가 있었다*. 온난

---

* Zhang, D., Lin, G.C-S., He, Y.Q., Wang, J.J. and Lee, H.F., 2006, *Climatic change*, wars and dynastic cycles in China over the last Millennium, Climatic Change, 76, pp.459~477.

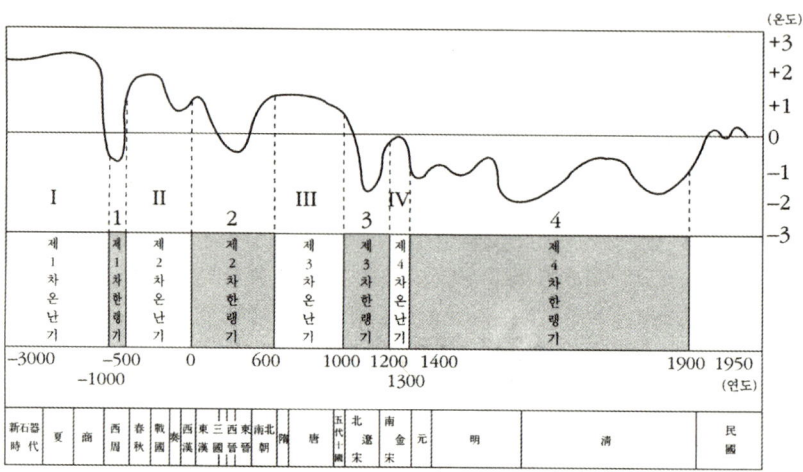

〈그림 3〉 중국의 기온변화와 왕조의 변화(출처: 류제헌, 1998)

기에 늘어난 생산량과 인구를 한랭기에는 지탱하지 못하게 되며, 그 결과는 잦은 전쟁과 사회적 혼란으로 이어진다고 한다.

　중국의 영토변화 역사를 살펴보면 처음 허베이지역에서 시작된 중국은 화난지방으로 먼저 확장되고, 이후 한참동안을 내지에 머물러 있었다. 하지만, 12세기로 접어들면서 북방민족의 침입이 잦아지면서 점차 변지로 확장되는 양상을 보인다.

허베이시대(기원전 207년 이전): 선사시대부터 최초의 통일왕국인 진나라 전까지 중국의 영토는 황허의 중하류와 허베이평원에 국한되어 있었다. 그리고 그 중심은 허베이평원이 아니라 황허가 허베이평원으로 들어오기 전 지류인 위수가 만들어놓은 분지지역인 관중평원이었다. 수도는 삼국지, 초한지 등의 역사소설로 잘 알려진 장안(지금의 시안)이다. 장안*은 황토고원의 산록에 위치하고 있어 퇴적평야에 비해 물난리의 걱정이 상대적으로 적었다. 위수 역시 황허에 비해 소규모 하천이기 때문에 물을 다루기가 비교적 용이하였다. 특히 당시 기온이 지금의 화난지방과 유사했었다는 기록을 다양한 문헌에서 접할 수 있다**. 즉 온난한 기후와 비교적 관리가 쉬운 관중분지는 높은 생산성을 유지할 수 있었고, 그 생산기반을 근거로 허베이평원을 공략할 수 있는 전략적 위치를 차지하고 있었다. 허베이평원의 서쪽으로 치우쳐 있는 위치 역시 주변국가의 협공을 걱정하지 않아도 되는 장점이 되었다. 이런 지리적인 특성으로 인해 당시 자연스럽게 화이론이 등장한다. 즉, 중원의 한족을 중심으로 동서남북으로 동이東夷, 서융西戎, 남만南蠻, 북적北狄이라는 이민족을 설정한 것이다. 중원에서 상대적으로 멀리 떨어져 있던 산둥반도의 원주민은 자연스럽게 동이로 불리게 되었다.

화난개척시대(기원전 207년~420년): 중국을 최초로 통일했다는 진나라에서 한나라를 거쳐 동진과 서진까지의 시기이다. 이 시기에는 중국이 황허중상류 지역에서 중국남부지방으로 활발한 개척과 인구이동이 일어났다. 중

---

* 주나라 이래로 이 지역은 한나라, 수나라, 당나라를 포함해 12개 왕조의 수도로 과거 화려한 도시로 번창했던 곳이다. 하지만, 당나라 이후 중국의 경제 중심지가 남쪽의 장강 유역으로 이동하면서 자체적인 생산력의 지원없이 대운하를 통해 들어오는 물자에 의존하게 되었다. 기후가 한랭기에 접어든 당나라 이후에는 토지가 더욱 황폐화되어 지금은 중국에서 낙후된 지역으로 분류된다.

** 류제헌, 1998, 위의 책, pp. 45~52.

국 역사에서 통일이란 중원(내지)*을 한 개의 국가가 다스릴 때를 의미한다. 여기서 한가지 주의할 점은 중원이라는 개념이 결코 고정된 것이 아니었고, 황허중상류 지역에서 점차 확대되는 경향을 보인다는 것이다**. 즉 명확한 지리적인 경계 없이 한족이 정착하는 곳이 곧 중원이 된다는 식이다. 진나라가 최초의 통일왕국으로 알려져 있지만, 그 영토는 허베이지방에서 양쯔강 중하류와 주강을 따라 확장한 정도였다. 진나라를 이은 한나라도 중국 남서부의 화난지방은 영토로 편입시키지 못했다. 하지만 이 두 왕조에서는 농업생산력 증대와 변방의 방위력 증강을 목적으로 활발한 인구이주정책을 실시했다. 왜 이런 적극적인 이주정책을 실시했는지는 당시 중원의 상황을 고려한다면 비교적 쉽게 추정할 수 있다. 기록에 의하면 한 무제 때 황허중상류에는 전국 인구의 55% 정도가 거주했었고, 관중평원의 인구는 1㎢당 1,000명 이상이었다고 한다***. 높은 인구밀도와 오랜 경작으로 인해 관중평원의 토지생산력은 급격하게 저하되었을 것이라는 것은 쉽게 추정할 수 있다. 여기에다 당시는 기온이 점차 나빠지기 시작하는 시점이었다(그림 3 참조). 이전의 온난한 환경에서 늘어난 인구와 급속한 토지황폐화는 새로운 영토의 확보를 우선시 할 수밖에 상황을 만들었을 것이다. 특히 한랭기의 영향은 변지에서 더 크게 나타났다. 즉, 기후가 나빠지면서 나타난 급격한 생산력의 저하는 북방민족의 이동·침입으로 이어졌고, 동시에 진행된

---

* 전통적으로 황허(黃河)의 중류·하류 지역을 가리키는 말로 한족(漢族)의 본 거주지역, 즉 과거 주나라(周)가 있던 곳을 지칭하던 말이다. 당시에는 이곳을 정복해야 중국을 통일할 수 있다고 믿었다. 하지만, 주왕조 이후 한족의 세력이 확대됨에 따라 장강과 그 서쪽 영역도 중원으로 인식되어 화베이 평원까지 그 범위가 넓어졌다.

** 고려대 중국학연구소, 2012, 중국지리의 즐거움, 차이나하우스.

*** 류제헌, 1998, 위의 책, p.152.

중원의 분열은 각종 전란으로 이어져 대규모 인구이동을 가속화시켰다. 서진시대(265~315년)에는 전쟁을 피해 남하하는 인구가 급격하게 늘었으며, 중국역사에서는 이 사건을 '제1차 인구대이동'이라고 한다*. 이 때 이주한 인구는 대체로 90만 명 정도였지만, 당시 서진인구의 1/8에 해당하는 숫자로 기록되어 있다.

중원시대(420~1115년): 중국의 삼국시대에서부터 송나라까지는 중국 영토가 중원에 머물렀다. 많은 왕국들이 이합집산을 통해 국경이 지속적으로 바뀌었지만, 그 영토가 내지를 벗어나지는 않았다. 오직 예외적인 나라가 당나라로 그 동쪽 끝이 한반도 이북지역에 이르렀고, 서쪽으로는 타림하까지 확장되었다. 당나라는 중국의 역사시대에서 가장 안정되고 풍요로운 자연의 혜택을 누렸던 것으로 보인다. 중원의 이합집산으로 인해 많은 왕조가 단명하였지만, 당나라는 예외적으로 약 300년간이나 통일왕조를 유지할 수 있었다. 당나라가 있었던 시기 중원은 기후적으로 온난기에 있었으며, 수나라 때 완공된 양자강과 황허를 잊는 경항운하로 인해 허베이지역의 물부족 문제도 어느 정도 완화시킬 수 있었다. 이전 시기에 화난으로 확장된 영토와 그에 따른 토지생산력의 확충, 그리고 황화유로의 안정과 홍수피해의 감소가 번영의 중요한 요인으로 작용했던 것으로 보인다. 기원후 80년부터 800년간은 황허가 범람하지 않은 시기로 알려지고 있다. 그 원인에 대해서는 다양한 이론이 제시되고 있지만, 가장 설득력 있는 이론은 농경의 중심이 허베이평원으로 옮겨지면서 황허상류지역이 농경지에서

---

* 류제헌, 1998, 위의 책, pp. 167~187.

유목지로 변했기 때문이라는 것이다*. 즉 과거 다량의 토사를 생산해왔던 농경활동이 쇠퇴하면서 황허를 따라 흐르는 물과 토사의 양이 급격하게 감소하면서 홍수피해를 줄일 수 있었다는 것이다.

변지확장시대(1115년~현재): 900년간은 안정되었던 중원시대가 막을 내리고 변지로 중국의 영토가 확장되는 시기이다. 랴오둥지방에 근거한 거란족이 요遼(916~1125년)를 세우고 중국 북부지역을 차지한 것이 그 시작이다. 이후 내몽골 지역과 만주 지역을 중심으로 금金(1115~1234년)을 세운 여진족은 현재의 베이징을 수도 삼아 내지로 진출하게 된다. 그리고 금은 곧 몽골족의 원나라에 망한다. 원나라는 수도를 더 북쪽에 두었고, 중국 역사상 가장 넓은 영토를 가지게 되었다. 다시 한족의 명나라가 중원을 차지했을 때, 중국영토는 내지에서 한반도 북부로 약간 확장된 것에 불과했다. 이후 명나라는 다시 말갈(여진)족의 청(후금)나라에 망했고, 청나라의 영토는 현재의 몽골을 포함하여 지금의 중국과 비슷한 모습을 갖추게 되었다. 이 과정을 지켜보면 중국의 변지확장 역사는 중원을 중심으로 한 자발적인 외침이 아니라, 변지의 민족들이 중원으로 내침해온 후 스스로의 영토를 중국에 넘기는 형국이었다. 중원 혹은 내지가 아시아의 용광로 혹은 블랙홀로 보이는 대목이다.

북방의 요와 금이 침입해온 시기를 중국에서는 '제2차 인구대이동'이라고 한다. '제1차 인구대이동'과 마찬가지로 많은 인구가 전란을 피해 북쪽에서 남쪽으로 이동하였다**. 중국이 이 시기동안 왜 이렇게 빈번한 외침을 경험

---

* 호아상·팽인옥(이익희 옮김), 2004, 위의 책.
** 류제헌, 1998, 위의 책, pp. 167~187.

했는지는 당시의 기후변화를 살펴보면 그 원인을 쉽게 알 수 있다. 당시 중국의 기온은 급격하게 저하되었고, 세계적으로도 이 시기를 소빙하기로 부를 정도로 기후가 나빴었다. 생산기반을 유목에 두었던 변경지역의 민족들에게는 생활환경이 급격하게 나빠졌을 것이고, 전세계적으로 유목민의 이동은 이 시기를 대표하는 현상이었다. 유럽의 경우에는 외침과 기후악화로 인한 농업생산량의 감소로 인해 많은 사람들이 빈곤선상에 머물렀고, 이어진 흑사병으로 인구가 2/3로 급감하는 격변기를 겪었다.

:::한국과 중국의 새로운 협력의 땅, 랴오둥반도

중국이라는 나라는 모든 면에서 확장하고 있는 나라임에 분명하다. 현재 경제적, 정치적, 그리고 문화적으로 중국이 성장해가는 속도는 놀랍다. 땅을 보아도 황허 하류에 있는 삼각주는 허베이평원이 계속 확장하고 있다는 것을 보여주는 증거다. 영토확장 역시 지속적으로 시도하고 있다[*]. 최근 일본과 동지나해의 섬을 둘러싸고 심각한 외교적 갈등을 보이고 있다. 티벳은 중국이 당분간 안고 가야할 문제로 보인다. 베트남, 인도, 부탄 모두 중국과의 국경문제로 머리가 아프다. 한국과의 국경은 1962년 북한과 맺은 '조중변계조약'을 통해 어느 정도 확정되었다. 하지만, 한반도에 급변사태를 가정할 경우, 중국이 지난 3,000여 년간 보여온 영토확장의 역사를 보면 미래에 어떤 일이 일어날지 예측하기가 어렵다.

지리적인 확장을 지속해온 중국이 한반도를 직접 경영하고자 했던 시도

---

[*] 고려대 중국한연구소, 2013, 위의 책, pp. 23~34.

는 삼국시대를 제외하고는 없었던 것으로 알고 있다. 〈그림 1〉에서 볼 수 있는 것과 같이 랴오허강이라는 큰 강을 형성하는 대싱안령산맥^{大興安嶺山脈}과 압록강의 북쪽 분수계를 만드는 험준한 산맥이 지리적인 장벽의 역할을 해주었기 때문에 가능한 일이었다. 만주벌판이라고도 불리는 더 넓은 랴오둥평원이 중국과 한반도 중간에 자리잡고 있으면서, 중국과는 뚜렷하게 구분되는 한반도의 지리적인 독립성이 유지되어온 것으로 보인다.

최근 랴오둥지방에서 중국 황허문명보다 훨씬 오래된 문명이 발견되면서 동아시아의 인류문명사를 새롭게 해석하려는 움직임이 활발하다[*]. 특히 이 문명은 중국보다는 한반도와 중앙아시아를 잇는 독립된 문명으로 한반도의 고대사 해석에 중요한 자료가 될 수 있다고 한다. 많은 학자들이 우려하는 바는 이 지역을 포함한 과거 중국변지의 역사를 중국의 것으로 만들기 위해 중국정부가 큰 노력을 기울이고 있다는 것이다[**]. 그 대표적인 것이 '통일적다민족국가론'이다. [***] 이 개념은 현재 중국의 영토 안에서 이루어진 모든 민족의 역사를 중국사의 범주로 포함시킨다는 것이라고 한다. 중국이 경험해온 활발한 영토확장의 역사로 보면 중국고서에 나오는 화이관^{華夷}^觀만으로는 중국의 정체성을 다루기 쉽지 않아 보인다. 과거에는 중원의 한족을 중심으로 동이, 서융, 남만, 북적이 있었다는 식으로 민족의 지리적 분

---

[*] 우실하, 2007, 동북공정 너머 요하문명론, 소나무.

[**] 김종박, 2011, 중국 역사교과서의 통일적다민족국가론, 동북아역사재단, p. 46.

[***] 이 주장의 핵심은 중국의 상고사를 '5제 시대의 3대 집단'으로 새롭게 정리하는 것이다. 여기서 3대 집단이란, 1) 중원의 화하족을 화족과 하족으로 분리해 앙소문화 지역을 화족으로, 2) 산둥반도 인근의 전통적인 동이족 지역과 그 남부의 전통적인 묘만족 지역을 하족으로, 그리고 3) 랴오둥과 요서를 포함한 지역을 황제족으로 재편한 것이다. 고조선과 고구려, 발해의 활동영역은 랴오허강을 중심으로한 랴오둥지역으로 이러한 집단구분하에서 한반도의 상고사는 중국의 역사 속으로 편입되는 것이다.

포를 기술했었다. 황허중하류 지방이 중국의 영토라는 인식이 팽배했었던 2,000년 전의 세계관이었다. 급속한 영토확장은 과거 오랑캐로 불렸던 지역민들이 어느 순간 중국의 내지에 자리잡는 결과를 만들어 버렸다. 그러다 보니 자연스럽게 역사를 해석하는 시각에 큰 변화가 필요한 듯 보인다.

　최근 한국에서도 한반도 북쪽의 정체성을 둘러싼 다양한 논의들이 전개되고 있다. 중국의 동북공정문제와 더불어 분단된 한반도가 처한 현실 속에서 격변이 발생했을 때 생길 수 있는 시나리오들이 다양하게 제시되고 있다. 또한 한반도가 현재의 섬과 같은 상태를 벗어나 유라시아대륙으로 진출하기 위해서는 새로운 협력이 장을 만들 필요도 있어 보인다. 오랜 기간의 분단으로 인해 언제부턴가 우리는 북한을 넘어 존재하는 넓은 랴오둥평원에 대한 기억들을 잊어버렸다. 대조영이 세운 발해는 우리의 역사였고, 선조들이 말달리던 만주벌판을 회복해야한다는 등의 민족주의적 발언을 하려는 것이 아니다. 하지만 이 땅이 한국과 중국 사이의 직접적인 충돌을 막는 완충지 역할과 동시에 서로를 이어주는 가교역할을 했었다는 점은 분명하다. 산둥반도와 활발한 교역을 하였던 삼국시대에도 그 교역로가 황해를 직접 가로질러 만들어진 것은 아니었다. 당시 해안교역의 대부분은 서해안에서 출발하여 랴오둥반도를 거쳐서 중국으로 갔다*. 이후 명나라는 적극적인 해금海禁정책을 실시하였고, 조선 역시 그 정책에 동조하여 해로보다는 육로로 중국과 교류를 한다. 즉, 중국의 산둥반도와 한국의 교류를 이해하기 위해서는 랴오둥을 빼

---

* 동아시아에서 15세기까지는 고초범이라는 형태의 범선을 사용했다고 한다. 고초범은 왕골과 같은 것으로 돛을 만들었기 때문에 무겁고 탄력이 약해 먼바다 항해가 어려웠다고 한다. 따라서 대부분의 배들은 연안을 따라서 항해를 하였고, 당시 동아시아의 주요항해로는 산둥반도-랴오둥반도-한반도 서해안-남해안-쓰시마-일본이었다(이태진, 2012, 새한국사, 까치, pp. 32~33)

고는 이야기하기 어려웠다.

산둥반도에서 시작된 나의 중국 땅 이야기가 갑자기 랴오둥반도로 넘어가 결론을 내리는 것은 지나친 논리비약이라는 것을 잘 알고 있다. 하지만, 허베이평원의 생산력을 중심으로 그 상류지역으로 그리고 주변지역으로 지속적으로 확장해온 중국의 역사를 살펴보면서, 우리의 입장에서는 유역을 달리하는 완충지대를 찾을 수밖에 없는 절박함이 있다. 북한이 지금 처해 있는 현실을 생각한다면 미래의 정치·경제··사회적 위험과 불확실성을 조금이라도 줄여나가기 위해서는 한국과 북한, 그리고 랴오둥지역을 잇는 상생의 고리가 만들어져야 한다는 다급함도 있다. 이것이 가능하다면 상대적으로 개발이 덜된 이 곳이 한국, 북한, 중국 모두에게 새로운 성장동력을 안겨줄 수 있는 곳이 될 수 있을 것이다. 그 과정에서 산둥반도는 동북아시아에서 가지고 있었던 융합의 역사를 상징하는 땅으로 영원히 남아있을 수 있을 수 있을 것이다.

참고문헌

고려대 중국학연구소, 2012, 중국지리의 즐거움, 차이나하우스.

김종박, 2011, 중국 역사교과서의 통일적 다민족국가론, 동북아역사재단.

김추윤·장삼환, 1995, 중국의 국토환경, 대륙연구소출판부.

류제헌, 1999, 중국역사지리, 문학과지성사.

박수진, 2007, "한반도의 지반운동(I): DEM 분석을 통한 지반운동의 공간적 분포 규명", 대한지리학회지, 42(3).

박수진·손일, 2005, "한국 산맥론(Ⅰ) : DEM을 이용한 산맥의 확인과 현행 산맥도의 문제점 및 대안의 모색," 대한지리학회지, 40(1).

서무송·서인명·서원명, 2004, 중국지리답사기, 푸른길.

왕상회, 2010, 중국 고대 수리시설의 특징과 변천양상, 중원문화연구.

우실하, 2007, 동북공정 너머 요하문명론, 소나무.

이윤수 · 조문섭, 2004, "두 대륙이 충돌해 한반도 형성," 과학동아, 2004년 4월호.

이태진, 2012, 새한국사, 까치.

호아상 · 팽인옥(이익희 옮김), 2004, 중국지리오디세이, 일빛.

Zhang, D., Lin, G.C-S., He, Y.Q., Wang, J.J. and Lee, H.F., 2006, *Climatic change*, wars and dynastic cycles in China over the last Millennium, Climatic Change, 76.

중국의 굴기
: 아리기가 본 정화鄭和의 바다

> "일찍이 크고 작은 30여 나라를 찾아, 십만리의 바닷길을 다녔네. 망망
> 산처럼 큰 파도가 하늘을 엎을 듯이 몰아쳤다네. 보이느니 안개 자욱하게
> 덮인 바다 틈틈이 낯선 이국의 풍경이라네. 돛을 높이 올려 밤낮으로 달리
> 니, 파도가 뱃전을 때리고, 그 파도를 우리 배가 뛰어 넘었네."
>
> —정화의 기념비, 〈천비지신령기(天妃之神靈應記)〉, 복건성 장락현

빚 갚기 위해 옌벤에서 살인청부업자에 고용되어 한국으로 온 조선족 구
남은 경찰로부터 살인자로 오인되어 쫓기면서 살인청부업자 면가 등으로
부터 증거인멸을 위해 도망 다닐 수밖에 없게 된다. 영화 〈황해〉의 줄거리
다. 과거의 한국과 일본 사이의 현해탄이 지닌 애환, 그것은 현재 조선족 교
포를 통해 한국과 중국 사이의 황해를 둘러싸고 환생한다.

미래의 황해는 어떨까. 중국과 한국 사이의 간격으로 남을 것인가, 아니
면 교량이 될 것인가.

중국은 세계에서 가장 많은 14개국과 국경을 마주하고 있다. 육지로는
총연장 22,117㎞이고, 해상으로 이어지는 곳은 14,500㎞이다. 그러나 동

쪽으로 향한 바다를 향해 중국은 커다란 웅지를 보이고 있다. 예를 들어, 중국의 함대 명칭을 보면 발해함대, 북해함대, 동해함대, 서해함대, 남해함대 등 세계로 뻗어갈 준비가 되어 있다. 중국이 관심을 갖는 것은 미래 제해권이다.

중국은 서세동점이후 아편전쟁에서 당한 자존심 회복을 위해 5대주6대양을 일종의 생활공간으로 보고 뻗어 나가는 데 주저하지 않고 있다. 아프리카와 라틴 아메리카 대륙에 대한 엄청난 투자와 원조, 모두 미래의 자원확보와 우방확대를 위한 것이다.

이미 중국은 유럽을 제치고 미국과 대등하게 G2라는 정상에 올랐다. 이에 그치지 않고 신新천하주의 세계관아래 미국에 도전장을 내밀고 있다. 2013년 6월 7일과 8일 사이 캘리포니아에서 열린 미중정상회담에서 미국 오바마대통령의 아시아재균형 전략에 대해 신형新型대국관계론으로 대응하면서 시진핑주석은 한편으로 협력하면서 다른 한편 힘을 길러 중국의 위상을 높이겠다는 의지를 나타냈다. 오래전 마오쩌둥 시절 미국과 구소련 사이에서 두 강대국을 제외한 모든 나라들을 자본주의와 사회주의를 가리지 않고 제3세계라고 지칭하고 스스로 그 지도국을 자처했던 후발 개도국의 처지가 옛 이야기가 되어버린 것이다. 이제 중국은 신흥국이라 불리우지만 더 이상 개도국이 아니고 발전중대국發展中大國이라 할 수 있다.

세계은행과 중국 국무원 산하 발전연구중심이 공동으로 작년에 펴낸 《중국 2030》 보고서는 2030년 이전에 중국이 미국을 제치고 세계 1위의 경제대국이 될 것으로 전망하고 있다. 일본을 제친 중국, 유럽조차 밀어내고, 급기야 미국을 추월할 날도 얼마 남지 않았다는 전망이다. 세계에서 가장 많은 3조 5천억 달러를 현금으로 보유하고 있는 나라 중국은 이미

IMF에서 지분율 6.99%로 늘려 세계경제에서 세 번째 영향력을 갖는 국가가 되었다. 급기야 위안화를 아시아지역의 중심통화로 만들고 차후 달러와 유로화와 함께 3대 기축통화로 자리 잡으려 하고 있다.

경제라는 하드파워에 문화라는 소프트파워를 보태어 진정한 대국이 되려는 시도는 오늘날 전세계에 깔아놓은 공자학원에서 그 모습을 잘 엿볼 수 있다. 아래 그림에서 볼 수 있듯 유럽, 북미, 남미, 아시아, 아프리카, 대양주에 총 282개의 공자학원을 열어놓고 있다. 중국은 자신의 문화적 전통에서 보편적 가치를 뽑아내고, 세계 문명이 지니는 보편적 가치를 중국에 맞게 바꾸려는 야심찬 신천하주의를 추구하고 있는 것이다.

중국은 명분상 화평굴기和平屈起를 내세우고 있지만 실제로는 군사력을 키워 미국을 견제하고 나아가 헤게모니 장악이라는 야심을 보이고 있

CONFUCIUS INSTITUTES IN THE WORLD · 孔子学院世界分布图

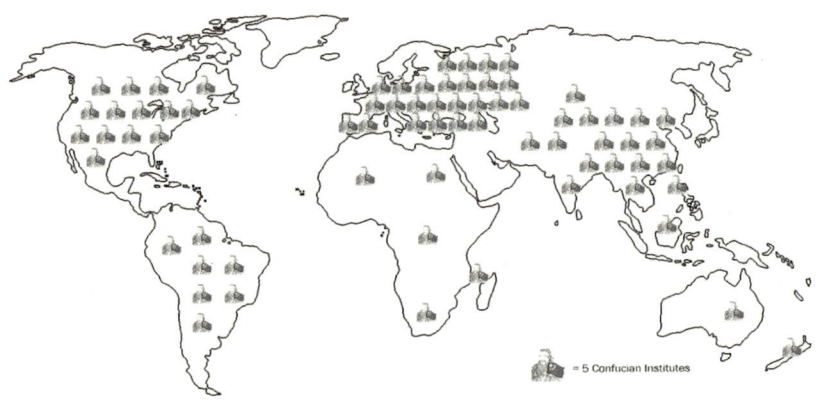

= 5 Confucian Institutes

세계 공자학원 분포
출처: 공자학원(Confucius Institute: http://college.chinese.cn/en/node_1979.htm#nogo)

다.* 2011년 중국의 군사비는 1,500억달러로 미국의 군사비 7,412억달러의 20% 수준에 불과했다. 그러나 미국이 재정적자를 줄이기 위해 앞으로 매해 17%씩 군사비를 줄이는 반면, 중국이 매해 10%씩 군사비를 늘이면 2020년에 이르러 미중 사이의 군사력 격차는 없어지고 대등하게 될 수 있다.

중국은 일본-오키나와-대만-필리핀으로 이어지는 제1도련first islands chain 다음으로 일본-괌-호주-뉴질랜드-남중국해로 이어지는 제2도련 밖으로 미국의 해군력을 밀어내기 위한 지역거부 전략에 따라 비대칭능력을 키우는 데 주력해 왔다. 아직 초보 단계이지만 2012년 중국 최초의 항공모함 랴오닝함을 취역시킨 중국은 2척을 국내 개발하고 있다. 원양방어를 위해 마얀마 시트웨, 방글라데시 치타공, 스리랑카 콜롬보 및 함반토파, 파키스탄 과다르 등 인도권 나라들 항구에 대규모 투자를 하면서 가능한 빠른 시일안에 인도양에 항모전단을 배치하고 자원수송망을 갖추려고 하고 있다.** 항모전단이 순양함, 구축함, 잠수함과 함께 함재기를 중심으로 독립된 기동성을 가지게 되면 한반도 지역도 그 영향권에서 벗어나기 어렵다. 이와 함께 탄도미사일 및 순항미사일의 개발, 대함미사일을 장착한 전폭기와 잠수함 배치, 정찰위성의 배가를 위해 노력하고 있다. 이중 1,500km 떨어져 있는 미국의 항공모함을 격침할 수 있다는 탄도미사일 동펑 21-D를 실전 배치한 것으로 알려지고 있다.

돌이켜 보면, 중국은 로마, 페르시아와 함께 대제국을 건설한 바 있다. 어느 문명이고 영락榮落이 있듯이, 인류 두 번째 천 년 중 첫 다섯 세기

---

* 2006년 중국신화사가 대국굴기를 방영한 이후 중국은 외부시선을 의식하여 화평굴기라는 표현을 쓰다가 그것마저 경계심을 불러일으킨다는 점에서 과거 등소평이 지적한대로 '화평발전'이란 용어를 사용하고 있으나 여전히 화평굴기를 선호하고 있는 것으로 보인다.

** 김태현, "중국의 부상과 인도", 『전략연구』, 제20권 제3호, 2013, p.147.

1,000~1,500년는 아시아가 앞섰으나, 다음 다섯 세기[1,500~2,000년]는 유럽이 아시아를 넘어섰다(McNeill, 1963; Abu-Lughod, 1989). 나는 역사학자 바라클러프[Geoffrey Barraclough]가 지적한 대로, 모든 시대는 그 나름대로의 역사적 중요성을 지닌다는 입장에 동의하고 있다. 그러므로 이른바 '문명의 역전'이란 것도 한 역사의 종말이라기보다 다른 역사의 시작이라고 해석하고 싶다. 추월과 추락, 아시아는 다시금 서구를 추격하려 한다.

유럽의 흥기는 아시아의 선진된 문화 유산을 과학 기술의 혁명으로 이어갈 수 있었기 때문에 가능했다. 인류 두 번째 천 년이라 할 서기 1,000년경 중국과 중동은 상당히 도시화되어 있었던 반면, 로마의 인구는 450,000명에서 35,000명으로 줄어들어 있었다. 이슬람 지배 아래의 스페인 코르도바는 500,000명의 주민이 살았고, 바그다드는 백만명에 가까운 시민이 운집한 세계 최대의 도시였다. 9세기에서 13세기에 이르는 동안 바그다드의 '지혜의 집[House of Wisdom]'은 그리스, 페르시아, 인도 문명의 정수를 담은 서적을 수집, 번역, 종합하였고, 유럽은 이를 과학 기술의 혁명을 통해 '지리상의 발견'으로 이어감으로써 아시아를 앞지를 수 있었다고 볼 수 있다. 르네상스 이후 유럽의 발전은 학문, 예술, 건축, 항해 등 모든 면에서 괄목한 것이었다.

과연 중국은 과거의 영광을 재현할 수 있을 것인가? 세계제국으로의 헤게모니 유지에서 중국이 실패한 것은 중국이 육상세력과 해상세력으로의 결합에 성공적이지 못했기 때문이다. 여기서 우리는 명나라 전성기였던 영락제[1360~1424] 시절의 정화[鄭和]를 기억할 필요가 있다. 그를 통해 중국의 지나온 경제정치적 성취와 실패를 비교발전론적 시각에서 접근할 수 있다.

정화[1371~1433]의 본 이름은 마화[馬和]로 색목인[色目人]이라 불리우던 중동 계통의 사람으로 이슬람 교도였던 것으로 알려져 있다. 영락제가 된 연왕 주체主棣가 원나라 세력이 남아있는 곤명성을 정벌하면서 모든 성인 남성을 죽이고 어린 소년은 거세시켰기에 정화는 환관이 되었다. 주체가 조카인 건문제와 겨뤄 황제자리에 오르는데 마화가 공적을 세웠기에 환관중 두 번째로 높은 내관태감의 직책을 주고 정이라는 성씨를 내렸다고 한다. 웅대한 포부와 재능을 지녔던 그는 고금의 학술에 통달하였고 지혜와 책략을 겸비했고 특히 병법에 익숙했다고 알려져 있다(우에스키 센넨, 2007: 39).

영락제가 몽골과 서역 등 북방 초원을 다섯 차례나 직접 원정을 다녀왔다면, 정화에게는 동남아시아, 인도, 중동 등 서남아시아, 그리고 아프리카 지역을 함대를 이끌고 원정을 다녀오게 하였다. 왕권투쟁 당시의 경쟁자인 조카 건문제가 죽지 않고 다른 지역에 살아있다고 믿은 영락제는 정화로 하여금 30여 개 나라들을 원정하게 하였다고 알려져 있다.

대항해의 시작은 콜럼버스가 아니라 정화일 수 있다. 70년을 앞섰기 때문이다. 게빈 멘지스에 의하면, "중국인 제독들은 디아스 보다 60년 먼저 희망봉을 회항했으며, 마젤란 보다 98년 앞서 마젤란해협을 통과했고, 쿡 선장보다 300년 먼저 호주를 탐사했고, 남극과 북극은 최초의 유럽인 보다 400년 앞서, 아메리카는 콜럼버스 보다 70년 먼저 탐사했다. 위대한 제독 정화와 홍보, 주만, 주문, 양경은 기억하고 기릴만한 가치가 있는 인물들이다. 그들은 첫 주자였고, 가장 용감하고 가장 담대한 사람들이었기 때문이다"(개빈 멘지스, 2004: 466). 지리상의 발견은 중국인들이 차린 밥상에 스페인들과 포르투갈인들이 수저만 올린 셈이다.

미야자키 마사카쓰(1999)는 정화의 원정이 세계사적 관점에서 볼 때, 이슬람의 '제1차 대항해'와 서양인의 '제3차 대항해' 사이를 잇는 '제2차 대항해'라고 한다. 정화의 원정은 1405년 7월 11일 시작해 1407년 끝난 제1차 항해를 시작으로 1433년까지 모두 일곱 차례 28년에 걸쳐 이루어진 것으로 파악되고 있다. 그의 함대는 나침반과 견성판으로 방위를 알고, 물시계로 배의 속력을 재는 방식으로 대선단을 이루어 장거리 항해를 가능케 했다고 한다. 당시 선단의 보선의 크기는 길이가 150미터, 선폭이 60미터에 아홉개의 돛대를 지닌 약 3,000톤의 배수량을 지닌 것으로 파악된다. 제1차 항해 때 소주를 출발한 그의 함대는 이를 모함으로 대형 함선 100여 척과 소선 200여 척 등 317척으로 무려 27,800여 명이 탑승했다. 바스코 다 가마의 300톤 기함은 비교가 되지 않는다. 이를 모함으로 60여 척 대형 함선과 100여 척의 소선에 연 27,000명 장병을 통솔했다(주경철, 2008: 139~140 참조).

정화의 보선과 컬럼버스의 함선의 비교

중국의 미래에 관해 비록 자본주의 시장경제 노선을 따르지만 사회주의적 이념과 제도로 인해 성장과 평등을 동시에 가져갈 수 있다는 낙관론을 펼치는 지오반니 아리기Giovanni Arrighi 있다. 그는 아시아와 유럽은 발전의 방식과 경로에서 서로 다르다고 한다. 그는 애덤 스미스Adam Smith의 설명을 원용하여 지난날 중국과 네덜란드를 비교하고 있다. 네덜란드가 '부자연스럽고 퇴보적'이라고 부른 유럽식 발전 방식과 경로를 좇았다면, 중국은 '풍요로 가는 자연적 진보'라는 아시아적 발전 방식과 경로를 따랐다. 스미스가 지적하는 중국의 자연적 과정이란 자본이 먼저 농업, 다음으로 제조업, 그리고 마지막으로 외국 무역으로 투자되는 것이다. 그리고 "인간이 만든 제도가 (…) 사물의 자연적 과정을 결코 방해하지 않는다면, 부의 증대와 도시의 증가가 영토 혹은 지역의 개선과 교화에 비례하여 모든 정치 사회에서 필연적으로 나타날 것이다". 이와 달리 유럽의 근대 국가들에서는 정반대의 자연적 성장 과정이 나타났다. "우선 약간의 외국 무역을 하는 도시가 좀 더 정교한 제조업이나 원거리 판매에 적합한 제조업을 도입했으며, 그 다음으로 제조업과 외국 무역이 농업에서의 주요한 개선을 가져왔다"고 스미스는 파악한다(Smith, 1961: 403~405).*

스미스는 중국의 국내 시장이 유럽의 모든 나라들의 시장을 합친 것보다 컸다고 본다. 그러므로 만일 이처럼 거대한 국내 시장이 외국 무역을 통해 세계 다른 지역의 해외 시장에 덧붙여졌다면, 중국의 제조업자들은 더욱 늘어나고 그들의 생산력은 더욱 발전했을 것으로 예상했다. 나아가 좀 더 폭넓은 항해가 이루어졌다면 중국인들은 세계의 다른 모든 지역에서 실행되는 기술과 산업 상의 여러 개선뿐만 아니라 다른 나라에서 사용되는 각종

---

* Arrighi, p. 57에서 재인용.

기계들을 스스로 사용하고 제작하는 기술까지도 습득하였을 것이라고 기대했다(Smith, 1961: 106).*

왜 중국은 해양을 통한 외국 무역에 나서지 않았을까? 오늘의 중국이 세계의 공장으로서 온갖 소비재와 생산재를 만들어 해외에 내다 팔고 있다는 사실은 매우 흥미롭다. 서세동점 이후 서구의 제국주의적 팽창의 희생물이 되었던 중국으로서 무언가 과거로부터 교훈을 얻고 있다고 가정할 수 있다.

지금으로부터 500여 년 전 중국은 정화가 이끄는 엄청난 규모의 함대를 지니고 있었다. 서양인들은 콜럼버스를 가장 좋아하고 반대로 징기스칸을 가장 싫어하는 것으로 알려져 있다. 신대륙을 발견한 콜럼버스에 대한 경의의 표현이자 유럽을 유린한 징기스칸에 대한 마음의 상처가 담겨 있다고 볼 수 있다. 이미 지적한 대로 만일 1405년에서 1433년 사이 일곱 차례에 걸쳐 동남아시아와 인도양을 횡단한 정화의 함대가 명나라 왕조로부터 제한을 받지 않았다면 정화는 동양판 콜럼버스가 되었을지 모른다. 한 역사가는 "만약 중국이 계속해서 탐험적인 항해 선단을 해외로 보냈다면, 콜럼버스가 카리브제도에 어물거리고 있기 수십 년 전에 중국의 정화함대는 일본 해류를 타고 샌프란시스코 만에 배를 타고 들어갔을 수도 있었을지 모른다"라고 적고 있다(McNeill, 1988: 229).**

역사적으로 세계의 헤게모니를 쥔 제국은 육상 세력과 해상 세력을 동시에 장악했다는 공통점이 있다. 로마제국, 페르시아제국, 무굴제국 등이 좋은 보기이다. 정화의 함대는 무려 30년에 걸쳐 동남아시아에서 아라비아를 거쳐 아프리카 동부 등 30여 개 나라를 돌아다녔다. 그런데 그의 함

---

* 위의 책, p. 58에서 재인용.

** 위의 책. p. 320에서 재인용.

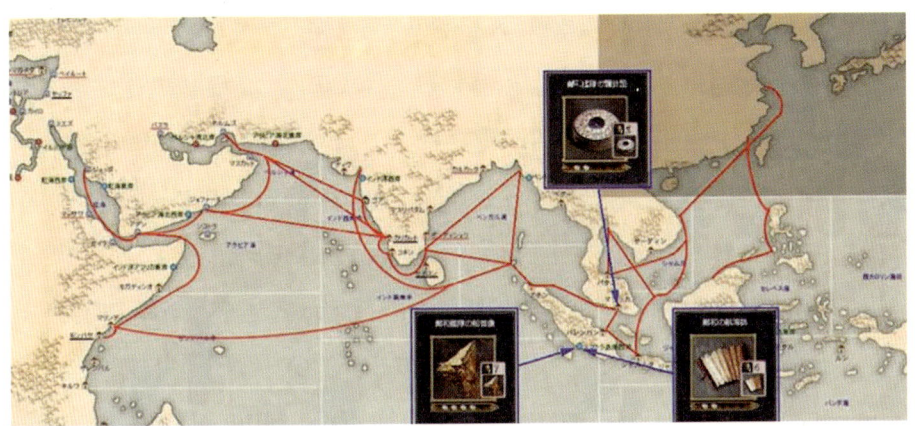
정화 함대의 원정도

대가 가져온 것은 사자, 기린, 얼룩말과 같은 이국의 동물이거나 타조 깃털, 거북이 껍질처럼 진기한 물품에 지나지 않았다(주경철, 2008: 15, 243, 509~510). 이는 사금, 보석과 같은 값비싼 재화나 감자와 같은 귀중한 식물을 가져온 콜럼버스와 비교된다. 특히 중국이 식민지 건설에 전혀 관심이 없었다는 사실은 유럽과 극명하게 대조적이다. 원주민을 대하는 태도도 유럽과 달리 분열정책을 쓰지 않고 서로 갈라진 세력을 중재하고 화해시켰다고 한다. 원주민의 땅을 빼앗거나 원주민을 노예로 삼았다는 기록이 없다. 오히려 선물을 주는 방식이었다. 식민지 건설을 통한 정복과 착취라기 보다 명나라의 위세를 과시하는 선에서 형식적인 지배권을 인정받는 정도였다. 그러므로 엄청난 비용을 오히려 명나라는 지불할 수밖에 없었다.

아리기는 정화의 인도양 원정이 비용에 비해 수익이 낮았다고 이해한다. 북방 유목민으로부터의 군사적 위협에 대처하려 했던 중국 내부의 사정도 있었지만, 보다 중요한 사실은 원거리 무역을 통한 부의 축적보다 국내 시장을 중시하는 비非대칭이 있었다는 견해이다(Arrighi, 2007: 321). 이러한 비대칭이 아니었다면, 정화는 "아프리카를 돌아서 항해를 계속하여, 항해 왕자 엔리케의 원정대가 세우타의 남쪽으로 들어가기 수십 년 전에 포르투 갈을 '발견했을' 것이다"(Kennedy, 1987: 7).

유럽과 달리 아시아의 발전 경로는 내향적이었다. 대항해는 외국 무역에 대한 국가 통제력을 확대하는 것이었다. 그러나 중국은 국내 교역은 강조 했지만 민간의 해상 통상은 제한했고, 무슬림 상인들은 그들의 왕성한 해 상 통상에 대한 갈구를 국가의 해군력이 뒷받쳐주지 못했다. 바로 유럽이 이 공백을 메웠던 것이다. 15세기 중반 중국의 해금^{海禁} 정책이 유럽의 대항 해와 함께 아시아에서 유럽으로의 헤게모니 이동을 가져오는 결정적 전기 가 되었다(Abu-Lughod, 1989: 321~322). *

다시 강조하자면, 유럽의 발전이 외향적이었다면 아시아의 발전은 내향 적이었다. 나는 모든 국가는 힘과 시장이라는 두 가지 서로 다르면서도 깊 이 연관되어 있는 논리에 의해 움직인다고 본다. 이점에서 유럽의 발전 경로 는 힘의 논리에 의해 안팎으로 영토적 확장을 꾀하면서 시장의 논리에 의해 부의 축적을 확대하는 자본주의로 귀일되었다고 볼 수 있다. 이와 대조적 으로 중국의 발전 경로는 힘의 논리가 시장의 논리와 별도로 작용하면서 영 토적 확장과 부의 축적은 분리될 수밖에 없었다. 유럽에서의 자본주의 형성 이 군사력에 입각하여 영토적 확장을 시도하면서 동시에 부의 축적의 확대 가 바깥으로 제국주의를 가져온 중요한 이유이다. 그러나 중국에서는 힘의 논리와 시장의 논리가 서로 분리되면서 자본주의의 생성은 이루어질 수 없 었다고 추론할 수 있다.

---

* 영락제를 이은 홍희제는 문신들의 의견을 받아들여 "보물배의 원정은 아무 소용이 없는 일 에 국력을 낭비할 따름이니 마땅히 중단해야 한다"고 했다고 한다.

이점에서 아리기의 생각도 비슷하다. 그는 유럽식의 '자체 강화적인 주기$^{self-reinforcing\ cycle}$'가 중국에 없었다고 본다. 유럽은 서로 경쟁하는 유럽 안의 국가들이 군사 기구를 만들고 그것들이 유럽 바깥의 다른 나라들을 탈취하기 위하여 팽창하고 또한 그러한 팽창에 의해 도움을 받았다. 그러나 이러한 자기강화적 주기가 아시아에는 보이지 않았다(Arrighi, 2007: 315~316, 318). 아시아의 국가 간 국제체제아래에서 물론 전쟁이 없었던 것은 아니지만 체제 안의 군사적 경쟁과 체제 밖으로서 지리적 팽창은 유럽에 비해 뚜렷하게 나타나지 않았다고 말할 수 있다.

유럽의 팽창이 아시아 대륙으로 향하던 서세동점의 시기에 동아시아에 이른바 삼걸^{三傑}이 있었다. 한국의 이하응^{李昰應}, 중국의 리훙장^{李鴻章}, 그리고 일본의 이토 히로부미^{伊藤博文}가 그들이다. 명치유신 이후 이와쿠라 사절단^{岩倉使節団}의 일원으로 유럽과 미국을 들러본 이토 히로부미는 새로운 문물과 제도에 감동을 받았다. 이는 일본으로 하여금 탈아입구^{脫亞入歐}를 통해 근대화를 달성하고 아시아 지역을 신동아공영권의 질서에 편입시키려는 야욕으로 이어졌다. 상하이 앞 바다에서 영국 함대의 막강한 무력시위를 본 리훙장은 청의 군사력을 선진화시켜야겠다는 결심에 이르렀다. 그러나 중국의 동도서기^{東道西器}를 통한 근대화는 유럽의 제국주의와 일본의 아^{亞}제국주의$^{sub-imperialism}$를 당해낼 수 없었다. 유럽이나 인접 중국, 일본의 변화에 둔감했던 조선의 이하응은 쇄국주의를 통한 개혁을 시도했다. 그러나 기득권의 바탕에 선 법고창신^{法鼓創新}은 조선의 주권을 지켜내기에는 힘이 부쳤다. 결국 일본에 의해 중국은 반^{半}식민지, 한국은 식민지로 전락하였다. 중국은 이제 역사의 악몽을 넘어 태평양의 동서를 가리지 않고 바다로 나아가기 위하여 포효하고 있다. 남북분단으로 한국은 육로를 통해 외부와 직접 마주하기 어렵다. 하늘과 바다, 그 중 삼면으로 둘러싸인 바다가 한국으로서는 미래의 비상을 위한 하나의 해답이 될 수 있다.

참고문헌

김태현, 2013, "중국의 부상과 인도." 『전략연구』, 제20권 제3호.

미야자티 마사카쓰(이규보 옮김), 1999, 『정화의 남해 대원정』, 일빛.

게빈 멘지스(조행복 옮김), 2004, 『1421, 중국, 세계를 발견하다』, 사계절.

우에스키 센넨(임진호 옮김), 2007, 『1421 세계 최초의 항해가 정화』, 이치.

주경철, 2008, 『대항해시대: 해상 팽창과 근대 세계의 형성』, 서울대학교 출판부.

Abu-Lughod, Janet. 1989, *Before European Hegemony: The World System A. D. 1250~1350*, New York and Oxford: Oxford University Press.

Arrighi, Geovanni. 2007, *Adam Smith in Beijing: Lineages of the 21st Century*, London: Verso.

McNeill, William H. 1963, *The Rise of the West: A History of the Human Community*, Chicago and London: The University of Chicago Press.

_____. 1988, "World History and the Rise and Fall of the West." *Journal of World History* Vol. 9, No. 2.

Kennedy, Paul. 1987, *The Rise and Fall of the Great Powers: Economic Change and Military Conflict from 1500 to 2000*, New York: Random House.

Smith, Adam. 1961, *An Inquiry into the Nature and Cause of the Wealth of Nations*, London: Methuen.

웨이하이, 유공도
청일전쟁의 기억을 찾아

한국의 동학혁명기념관이나 전쟁기념관의 전시를 보고 있으면, 1894년 발생한 청일전쟁은 한국 근대사의 외부에 놓여 있는 것으로 간주되고 있다는 것을 깨닫게 된다. 동학혁명기념관은 청일전쟁을 동학농민혁명과 충분히 연결시켜 설명하지 않고 있으며, 전쟁기념관 상설전시관은 아예 청일전쟁을 보여주지 않고 있다.* 조선에서 전투가 시작되었고, 조선을 주요 전장으로 하고 있으며, 조선의 국제적 지위와 운명에 결정적 영향을 미친 전쟁을, 청나라와 일본의 전쟁으로 치부하면서 한국의 근대 전쟁사에서 제외하는 것을 어떻게 평가해야 하는가? 동학농민군을 직접 탄압하거나 조선 정부군을 실질적으로 지휘한 일본군의 활동을 충분히 보여주지 않는 이유가 있는가? 한국의 역사기념관들이 이 전쟁을 소홀하게 다루고 있는 궁극적 이유는 무엇일까?

동학농민혁명이나 청일전쟁의 의미를 충분히 이해하려면, 한국의 여러 지

---

* 2014년 전쟁기념관은 청일전쟁 120주년, 러일전쟁 110주년을 맞아 특별전시를 하였다.

역에 있는 유적이나 기념물들을 중국이나 일본에 산재해 있는 기억의 장소들과 연결시켜, 이 사건들의 시공간적 맥락을 재구성하고, 국내적 차원뿐 아니라 동아시아적 차원에서의 상호연관성을 심문할 필요가 있다. 이에 다가가는 한 가지 방법은 사건이 발생했던 현장들을 따라가면서 흩어져 있는 지방적 기억들을 한데 모아 체계적인 의미망을 구성하는 것으로, 이는 필연적으로 국경을 넘어 지역적으로나 지구적으로 작동했던 정치경제적인 힘들을 역사적 상상력을 통해 복원하는 작업을 요구한다.

청일전쟁의 진행과정을 충실하게 보여주는 박물관은 산둥반도의 웨이하이威海 유공도에 있다. 그것의 명칭은 중국갑오전쟁박물관이다. 이 박물관은 청일전쟁의 마지막 전투가 벌어진 전장에 자리 잡고 있고, 중국인들뿐 아니라 한국인들에게도 중요한 역사교육의 현장이라고 할 수 있다. 나는 2013년 여름, 이 박물관의 전시를 보면서, 민족사적 대사건으로서의 동학농민혁명과 동아시아 지역사의 대사건으로서의 청일전쟁을 동심원을 그리는 하나의 사건으로 파악할 필요가 있다는 생각을 하였고, 이를 구체화하기 위하여 청일전쟁을 '1894년 동북아시아전쟁'으로 고쳐 부르는 것이 좋겠다는 제안을 하게 되었다.*

이 글은 이 박물관의 형성과정과 전시내용을 살펴보고, 그것의 의미와 한계를 논의하려는 것이다. 이 박물관은 중국의 애국주의 교육기지로 지정되어 있는데, 중요한 점은 패전의 아픔을 그대로 드러내면서 이를 잊지 말아야한다는 교훈적 메시지를 만들어내고 있다는 것이다.

---

* 보다 자세한 내용은 필자의 『아시아리뷰(4-2)』에 있는 논문을 볼 것.

::::유공도에 남겨진 북양함대의 유적들

청나라는 1888년, 북양해군을 창설하고 그 본부를 웨이하이웨이에 두었다. 청나라는 유럽, 특히 독일의 군함과 대포를 사들여 북양해군의 주력 함대를 구성했는데, 그 군비의 규모는 당시 아시아의 1위, 세계의 4위에 해당하는 것이었다고 한다. 청 해군은 북양함대, 남양함대, 복건함대, 그리고 광동함대로 구성되었는데, 청일전쟁에는 북양함대만 참가했다. 북양함대는 정원호와 진원호 등 7천 톤급 군함 2척(선원은 각각 330명), 경원호등 2천 톤급 군함 6척, 초용호등 1천 톤급 군함 4척, 1천 톤 미만의 군힘 9칙 등 위용을 자랑하고 있었으며, 청 해군의 주력이었다. 청은 뤼순과 웨이하이웨이에 요새 항을 보유했다.

중국은 당시의 청일전쟁을 어떻게 기술하고 있으며, 북양함대를 어떻게 재현하고 있는가? 웨이하이의 중국갑오전쟁박물관은 이에 대한 답을 제시하고 있는 현장이다. 이 박물관은 우리가 알고 있는 청일전쟁의 마지막 전투가 벌어졌던 유공도라는 작은 섬에 세워졌다.

중국정부가 유공도의 청일전쟁 유적을 처음으로 중요하게 생각하여 제도화를 시작한 것은 1977년으로, 북양해군제독서 北洋海軍提督署, 속칭 水师衙门 를 산둥성의 중점문물보호단위로 지정하였다. 1988년 국무원이 이를 전국 중점문물보호단위로 지정하였고, 1985년 제독서 문물관리소가 박물관 형태로 설립되었으며, 1992년 제독서 문물관리소가 중국갑오전쟁박물관으로 개칭되었다. 1994년 7월, 중일갑오전쟁 100주년을 맞이하여 장쩌민이 박물관 명칭을 휘호로 써서 주었고, 전국 10대 우수 사회교육기지의 하나로 지정되었다.

갑오전쟁박물관 정문

　이 박물관은 역사적 사건이 발생했거나 관련 기관이 존재하던 장소에 세워진 기념유지성紀念遺址性 박물관으로 규정되고 있는데, 그것은 이 박물관이 웨이하이의 유공도에 있던 북양해군 제독서의 유적에 설립되었기 때문이다. 흥미롭게도 북양해군은 일본 해군과의 전투에서 대패하였고, 그 지휘부가 있던 곳까지 철저히 유린되었으므로. 이 박물관은 승리와 영광의 역사를 전시하는 것이 아니라 패배와 치욕의 역사를 전시한다는 점에서 일반적 박물관과 다르다. 이 박물관은 북양해군과 갑오전쟁이 중심주제로 개관당시에는 약 1,500건의 소장품이 있었는데, 그 후 상당히 많은 자료들을 추가로 수집하였다. 당시 주력군함 제원함의 부품들도 전시하고 있다.

　중국의 역사박물관들은 제국주의의 침략, 특히 일본의 침략과 항일투쟁에 관련된 사건들을 주제로 한 항일박물관계열, 중국공산당의 투쟁과 승리를 중심으로 한 혁명박물관계열, 지역의 역사를 중심으로 하는 일반 역사박물관 계열로 구분되는데, 이 갑오전쟁박물관은 난징의 난징학살기념관, 베이징 노구교부근의 항일기념관. 선양의 9·18역사박물관과 함께 대표적인 항일박물관이며, 애국주의 교육시범기지로 규정되어 있다.

　이 박물관은 북양해군제독서와 용왕묘龙王庙, 제독이던 정여창의 처소丁汝昌寓所, 수사학당水师学堂과 철마두铁码头, 포대, 전보국电报局, 등대电灯台 등,

갑오전쟁박물관 내 해군공소와 정여창 유저지

해군 군사시설 28개 유적이 있다. 개관이래 중국의 주요 지도자들, 예컨대, 장쩌민江澤民, 리펑李鵬, 주룽지朱鎔基, 후진타오胡錦涛, 리란칭李岚清, 류화칭刘华清 등이 현판을 썼으며, 전국우수사회교육기지, 전국 중소학 애국주의교육기지와 전국 애국주의 교육 시범기지로 지정되어 있다.*

북양해군제독서는 웨이하이의 중요한 고적의 하나이다. 청나라 1887년 북양수사를 건립하고, 정여창을 제독으로 임명하였다. 정여창은 1882년 임오군란시 조선에 파견된 바가 있는 군인이었다. 이 장소는 1895년 2월, 정여창이 일본 해군과의 전투에서 패배하면서 자결한 곳이다. 이 건물을 이용하여 정여창 기념관을 건설하였다. 이 박물관은 개관이래 15년간 1,000

---

* 중국의 애국주의 교육은 1991년 3월 9일 발표된 장쩌민의 서신으로 촉발되었는데, 이것은 "중화인민공화국의 성립과정의 어려움을 인식시키고 민족 자존심과 자긍심"을 높이는 것을 목적으로 한다. 애국주의는 영웅이나 승리담론을 중심으로 하는 유형과 희생과 패배담론을 중심으로 하는 유형으로 구분되는데, 중국의 경우 19세기 중반이후 1945년까지의 근대사를 불평등조약에 근거한 수치의 역사, 국공내전과 국가형성의 경험에 근거한 승리의 역사로 구성하고 있는 것이 중요한 특징이다. 이에 관해서는 김태승(2011)을 참조할 것.

중국갑오전쟁박물관 진열관 입구

만명 이상의 관람객과 60명 이상의 당과 국가지도자들이 다녀갔다고 밝히고 있다(戚俊杰 주편, 1995).

웨이하이에는 갑오전쟁박물관 외에 '정원함^{定遠艦, 딩위안젠} 풍경구'가 있다. 이곳은 청일전쟁에서 제원함과 함께 주력함으로 활약했던 정원함을 복원하여 지하2층, 지상3층, 5층 규모의 대형박물관으로 개조한 것이다. 정원함은 길이 94.5m, 넓이 18m로 청일전쟁 당시 아시아 1위, 세계 6위의 규모를 자랑하는 군함이었다. 복원된 정원함은 전쟁 당시 일본군 전함으로 부터 어뢰를 맞은 흔적을 재현하고 있다. 원래 정원함은 1895년 침몰하였고, 일부 부품을 일본군이 수거했고, 그것을 일본이 구입하여, 후쿠오카 태재부 천만궁에 정원함의 잔해를 모아둔 '정원관'을 만들었다.

진열관의 전시의 핵심개념 '국상'

::::갑오전쟁박물관 진열관의 서사

원래의 박물관이 북양해군의 지휘소와 그 흔적을 보여준다면, 신관은 청일전쟁의 전개과정 모두를 보여주는 전시관이다. 이 신관의 정식명칭은 '중국갑오전쟁박물관 진열관'으로, 중국공산당 중앙정치국 상임위원 리창춘李长春의 감독 아래, 2005년 3월 공사를 시작하여, 2008년에 개방하였다. 대지면적은 10,000여 평방미터, 건축면적은 8,800평방미터로, 저명한 건축설계사 중과원中科院士 팽일강彭一剛 교수가 설계하였다. 이 건물은 20세기 중화백년 건축경전建筑经典으로 지정되기도 하였다.

진열관의 입구에는 전시의 핵심 개념으로, 갑오전쟁을 나라의 깊은 상처라는 의미의 '국상國殤'으로 표현하는 문구가 제시되어 있고, 양계초가 쓴 "중국의 천년간 지속될 커다란 울분이 갑오전쟁으로부터 시작되었다는 사실을 환기하라"는 문구가 전시되어 있다. 전시의 서언에 따르면, 갑오전쟁은 일본이 오랫동안 획책해온 것이며, 전쟁의 결과가 중화민족에게 심각한 재난을 안겨주었고, 세계의 근현대사에 큰 영향을 미쳤다고 밝혔다. 서언을 비롯하여 전시의 각 항목들은 중국어와 함께 영어와 한국어로 쓰여져 있는데, 이를 보면, 한국인 청중들을 주요 타겟의 하나로 삼고 있다는 것을 알 수 있다.

중국은 아편전쟁이후 비로소 해안방어에 관심을 가지게 되었으며, 군함 도입과 제작, 해군창설을 했다. 서태후가 실권을 장악한 청 조정은 리훙장을 직예총독 겸 북양대신으로 임명했다. 이때의 북양의 방어체계는 수도 베이징으로 들어가는 관문인 텐진과 랴오둥반도의 여순, 산둥반도의 웨이하이웨이의 해군 기지와 그 주변 도시들의 함대 배치, 그리고 기지 주변의 포대로 구성되었다.

진열관은 일본이 갑오전쟁이 발발하기 전에 오랫동안 전쟁을 획책했고, 그 목표는 조선과 중국이었다고 기술하고 있다. 1867년 메이지 유신, 1871년 이와쿠니 사절단 파견, 1873년의 정한론 등을 설명하고, 일본이 이때부터 중국 대륙 전체에서 간첩활동을 하였으며, 이를 지도로 표시하고 있다. 또한 김옥균의 사진과 함께 1884년의 갑신정변과 이에 뒤이은 텐진조약에서 청과 일본이 조선에 출병하는 경우 서로 이를 알린다는 내용이 있었다는 점을 설명하고 있다.

이런 상황에서 서태후는 이화원 건설을 위해 재정을 쏟아부었고, 리훙장은 북양해군 창설이후 3년간 어떤 추가적인 군비증강을 하지 못했다는 말을 하였다. 이에 비해 일본은 지속적으로 해군 군비강화를 하여 전쟁발발 직전 약 7만 톤의 해군력을 보유했다.

진열관 전시에서는 전쟁이 조선의 동학당 봉기에서 출발했다고 밝히고 일본이 전쟁을 결정했다고 주장한다. 청나라는 6월 6일부터 7월까지 총 4,165명을 조선에 파병했다. 이에 비해 일본군은 6월 12일부터 24일까지 인천에 7,600여 명의 군사를 상륙시켰다. 진열관은 청일전쟁의 상황을 설명하면서 성환 전투는 별로 강조하지 않고 평양 전투를 지도를 곁들여 전시하고 있다.

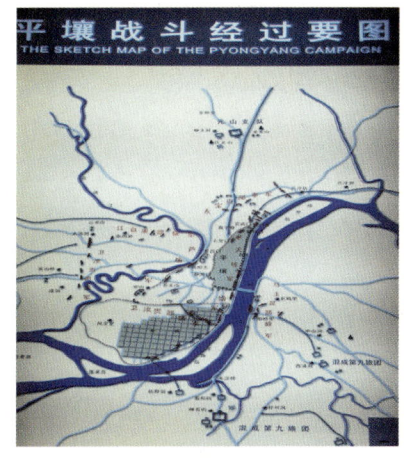

평양전투도

당시 청군은 총병 좌보귀의 지휘 하에 평양 북쪽의 모란봉에서 방어를 했다. 그러나 평양전투에서 청군은 대패했다. 9월 15일 밤, 청군은 일본군의 공격으로 약 2,000명이 죽고 약 3,000명이 부상당했다. 지휘관 좌보귀도 전사했다. 그는 산둥출신의 회족이었다. 이 평양전투에서 고전하는 청나라 군사들의 모습이 사진으로 전시되어 있다.*

평양전투와 함께 청일전쟁의 운명을 가른 전투가 9월 17일의 황해해전이다. 압록강 입구에서 치열한 전투가 벌어졌다. 진열관에서는 여기에서 전사한 진경영의 편지를 복원하여 전시하고 있다. 그는 웨이하이웨이의 수군학당 1회 졸업생으로 경원호의 2등항해사였다. 또한 이 해전에서 전사한 치원함 함장 등세창의 시가 전시되어 있다. 황해해전 후 일본해군은 두 방향으로 나뉘어 제1군은 압록강 방위선을 돌파하여 청군 주력을 견제하고, 제2군은 랴오둥반도의 화원구에 상륙하여 남쪽으로 진격한 후 여순기지를 점

* 이인직이 1906년 발표한 신소설 〈혈의 누〉가 이 평양전투에서 흩어진 이산가족의 이야기라는 것은 널리 알려져 있다.

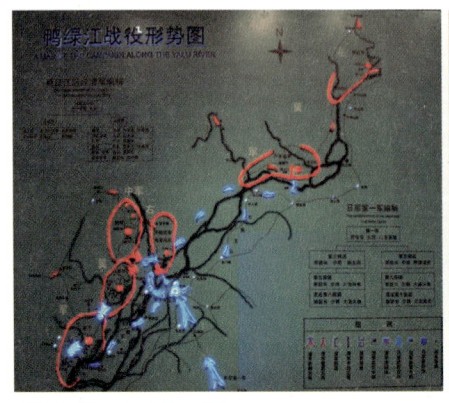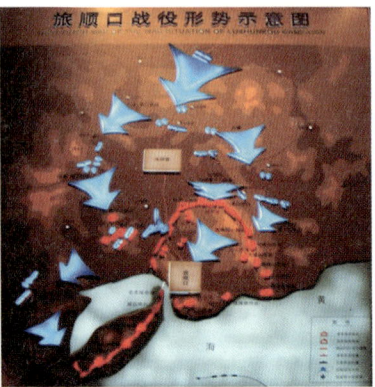

압록강 전투도와 여순구 전투도

령하였다. 뒤이어 양군이 회합하여 산하이관과 톈진, 베이징을 위협하였다.

　일본 육군 제1군은 평양을 점령한 이후 평북지방을 거쳐 압록강을 넘었다. 압록강지역에서의 전투는 호산장성을 거쳐 내륙 깊숙한 장소로까지 번졌다. 진열관의 전시는 '격렬했던 랴오둥반도 전투'를 거쳐 '여순구를 향한 총칼'로 이어진다. 이 전투 또한 비교적 상세한 전투지형도를 통해 재현되어 있다. 여순구가 함락된 후 찾아온 것은 일본군에 의한 대규모의 전쟁폭력으로, 진열관의 전시에서는 이를 '여순대도살'로 표현하고 있다. 이 사건에서 피해를 입은 중국 주민은 2만 명이라고 한다. 랴오둥의 주민들은 일본군에 대한 저항을 펼쳤다. 이를 항쟁의 봉화가 타올랐다고 표현하고 있다. 여순에서의 대규모 민간인학살에 대하여 중국은 만충묘를 세웠으며, 100주년이 되던 1994년에 이를 대대적으로 정비하였다.

　청일전쟁의 마지막 국면은 산둥반도의 '결전'이다. 이에 따르면, "1895년 1월 일본군은 방향을 바꾸어 산둥반도 전투를 개시하였는데, 그 목적은 북양해군을 전멸시키기 위한 것이었다"고 밝히고 있다. 이 전투에서 청군의 최대 약점은 육군과 해군이 서로 고립되어 협력하지 못했고, 또한 청나라의

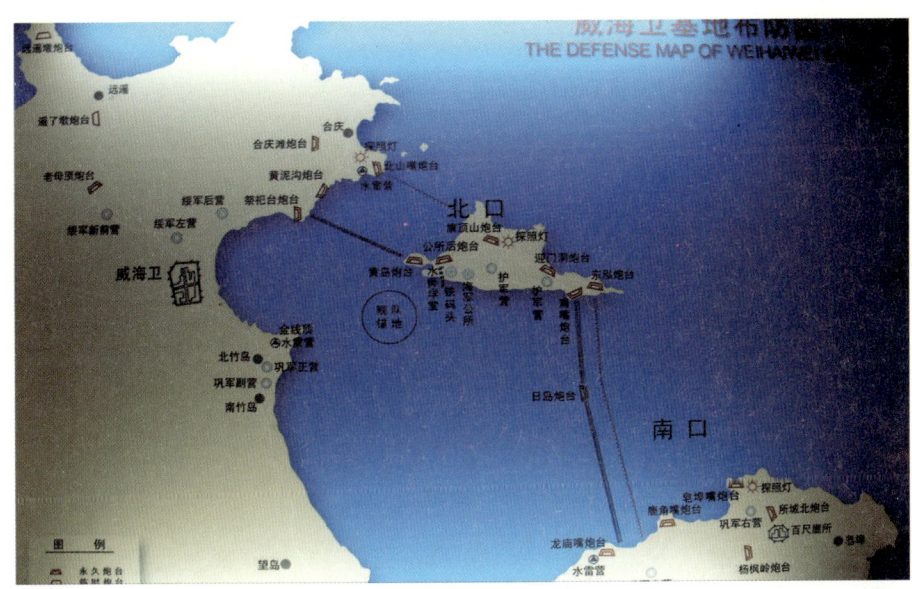

웨이하이웨이 방어지도와 전투도(반경화)

포대가 미리 점령되어 오히려 이것이 해군에게 불리하게 작용했다는 점이
다. 일본군은 산둥반도 기습상륙작전을 통해 유공도에 있는 북양해군 근
거지를 육로와 해로로 협공할 수 있었다.

　웨이하이웨이 전투의 주인공이 정여창이다. 정여창은 고립된 채 끝까지
싸웠고, 결국 자결하였다. 볼피첼리는 일본 해군 수장인 이토와 북양함대
의 사령관 정여창 간의 마지막 대화를 자세히 기록하고 있다. 이들의 대화

는 서신 교환 형식이었다.* 진열관에는 정여창이 남긴 말이 기록되어 있고, 그의 죽음을 순국으로 표현했다. 그의 뒤를 이어 여러 고급장교들도 자결하였다. 청 해군의 상징인 용기도 유공도 상공에서 내려졌다. 유공도에서 일본군의 포로가 된 청군은 해군 3,097명, 육군 2,040명, 총 5,137명이었다. 진원함, 제원함, 평원함, 광병함 등 10개 군함이 나포되었다. 이를 통해 청의 북양해군은 궤멸되었다.

진열관 전시의 결론은 '민족의 치욕과 항쟁'이었다. "전장에서 계속되는 패배로 하여 청나라 정부는 화해를 구걸하지 않을 수 없는 궁지에 몰리게 되었고, 결국 리훙장은 일본과의 평화회담에 나가게 되었다. 굴욕적인 '마관조약'의 체결로 하여 중국은 거액의 전쟁배상금을 지불한 외에 타이완, 펑후 등 영토를 떼어주고, 통상항구를 개방해야 했다. 이로 해서 중국의 반식민지 상황도 한층 더 심각해졌다."

전쟁의 승리를 기념하기는 쉽지만, 패배를 기념하기는 쉽지 않다. 그러나 중국 갑오전쟁박물관은 이를 비교적 정확하게 기록하고 있다. 처절한 패배의 기억을 드러낸다는 것은 그만큼 미래에 대한 자신감이 없으면 불가능한 일인지 모른다.

진열관의 갑오전쟁에 관한 마지막 전시의 제목은 '시모노세키에서 함부로 세도를 부린 일본'이다. 여기에는 청일 양측의 협상대표 4인과 회담의 모습이 재현되어 있다. 또한 이 조약으로 할양된 지역과 통상항구가 지도로 표시되어 있다.

갑오전쟁에 관한 기억의 재구성에서 중요한 특징은 시모노세키 조약으로

---

* 이 서신들은 제노네 볼피첼리(유영분 역)의 책에 부록으로 실려 있다. 『구한말 러시아 외교관의 눈으로 본 청일전쟁: 조선 땅에서 벌어진 서양문명과 동양문명의 충돌』, 살림, 2009. pp. 451~456.

시모노세키 협상의 재현

끝나지 않고, 이에 대한 중국인들, 구체적으로 대만인들의 저항으로 끝난다는 점이다. 진열관 전시의 마지막 부분은 '대만할양을 반대한 항일투쟁'과 '팽호열도 점령'이다. 대만인들은 일본군에 대항하여 4개월간 100여 차례의 전투를 통해 일본군 3만 2천 명을 사상했다고 밝혔다. 이런 기록이 얼마나 정확한 것인지는 알 수 없지만, 이를 사실로 받아들인다면, 같은 시기에 조선에서 전개된 동학농민군이 일본군에게 준 피해보다 훨씬 큰 것이다.

이 진열관이 청일전쟁을 설명하면서 대만인들의 투쟁을 적극적으로 포함시키고 있는 것은 이는 근래에 변화된 중국의 대만관을 반영하고 있는 것이다. 대만의 식민지 역사를 중국사의 일부로 적극 수용하고 있는 것은 베이징 노구교의 항일기념관에서도 나타난다. 여기에서는 항일영웅들을 전시하면서 공산당 출신뿐 아니라 국민당 출신도 포함시키고 있다. 이는 과거의 냉전시기와는 달리, 중국의 자신감이 그만큼 커졌음을 의미하는 것이다.

이 진열관의 전시의 마지막 결론은 과거의 역사가 아닌 현재적 문제이다.

청일전쟁후의 중국 형세에 관한 풍자화

이 결론은 '천애하처시신주^{天涯何處是神州}'로 표현된다. 이를 한국어로 번역한 것이 '중국은 하늘가 어디에 있나?'인데, 이것보다는 '신이 내려준 땅 중국은 아슬아슬한 위기에서 어디로 가나'라고 말하는 것이 더 정확할 듯하다.

진열관의 전시는 다음과 같은 결론에 이르고 있다. "갑오전쟁에서 패전한 굴욕적인 역사는 '낙후되면 곧 당하게 된다'는 도리를 다시 입증하였다. 오늘, 중국의 영토와 해양국토의 안전은 강력한 해안 방위력으로 보장해야 한다. 우리는 이 역사를 교훈으로 삼아 미래를 대비한 해상강철장성을 구축함으로써 평화와 발전을 도모하고 역사의 비극이 재현되지 않도록 노력해야 한다." 중국의 갑오전쟁 전시의 최종 목적이 해양강국건설에 있음을 명백히 밝히고 있는 것이다.

그렇다면 시모노세키 조약의 경과는 어떠했는가? 중국정부는 웨이하이 전투가 진행되는 도중에 평화사절단을 파견하여 1895년 1월 31일 히로시마에 도착하였다. 그러나 만주에서는 전투가 3월초까지 지속되었다. 또한 3월 15일 일본 원정대가 팽호제도를 향해 출발하여 23일 점령에 성공하였다. 청나라 대표가 전권을 갖고 있지 않았으므로 일본은 보다 책임있는 사람을 파견하기를 요구하였다. 이른바 2차 평화사절단으로 3월 19일 청의 전권대신 리훙장이 시모노세키에 도착했다. 그 후 한 달간 춘범루^{春帆樓, 슌반로우}라는 요정에서 '평화회담'을 진행하였다.

리훙장이 시모노세키에 도착한 지 얼마 안 된 3월 23일 일본의 보병 1개 여단이 대만 서쪽의 팽호제도澎湖諸島에 상륙했다. 회담이 끝나지도 않은 상황에서 일본은 전쟁의 성과물을 챙기기 시작했다. 3월 24일 회담대표였던 리훙장이 일본인에 의해 피격당했다. 며칠을 쉰 후 회의가 재개되었다. 4월 1일, 시모노세키에서 열린 회담에서 일본의 강화협정 초안이 제시되었다. 제1항은 조선의 지위에 관한 것이었다. "중국은 조선의 완전무결한 독립과 자치를 명확하게 인정한다. 그에 따라 독립과 자치를 훼손하면서 조선이 중국에 제공하는 공헌 전례의 이행은 향후 전면 중단될 것이다." 이외에 초안은 총 11개 항으로 구성되었다.

4월 5일 리훙장은 조선문제, 영토할양문제, 배상금문제, 통상특권 문제 등 4가지 쟁점에 대하여 이의를 제기했다.* 리훙장은 조선문제에 대하여, "중국정부는 수개월전 조선의 완전하고도 철저한 독립을 기꺼이 인정하고 조선의 완전한 중립성 보장을 언급하였고 본 조약에 그 같은 조항을 삽입할 준비가 되어 있다"고 하면서, 상호주의에 따라 일본도 이를 보장하여야 한다고 요구하였다.

리훙장은 4월 9일, 1항을 수정하여, "중국과 일본은 조선의 완전무결한 독립과 자치를 확고히 인정하며 조선의 완벽한 중립성을 보장한다. 이같은 자치를 훼손할 조선국내문제에 관한 양국의 간섭이나 독립성에 부합하지 않는 조선에 의한 공헌 전례는 장래 전적으로 중단한다"고 제안했다. 그러나 4월 10일 이토 히로부미는 리훙장에게 1항의 수정안을 포함하여 대부분의 수정안을 받아들일 수 없다고 회신하였다. 조선의 독립은 중국에게만

---

* 이에 관한 구체적인 내용은 제노네 볼피첼리(유영분 역), 『구한말 러시아 외교관의 눈으로 본 청일전쟁: 조선 땅에서 벌어진 서양문명과 동양문명의 충돌』, 살림, 2009(원저는 1896년 런던에서 출간)에 실려 있다.

적용될 뿐 일본에게는 적용되지 않는 조항이었던 셈이다.

최종적으로 4월 17일 일본의 의도대로, 전문^{全文} 11개 조항의 강화조약, 각 3개 조항의 의정서^{議政書} 및 별약^{別約}, 2개 조항의 추가휴전협정을 체결하였다. 리훙장의 굴욕감은 말할 수 없었을 것이다. 리훙장은 이토 히로부미가 내민 조약의 초안에서 배상금을 조금 깎은 것 이외에는 모두 승낙하지 않을 수 없었다. 평화협정이라는 용어가 무색할 정도로, 시모노세키조약은 일방적인 것이었다. 일본은 막대한 배상금 외에 대만과 팽호를 식민지로 얻고, 여순을 포함한 랴오둥반도도 얻으려고 했다. 그러나 러시아, 프랑스, 독일은 일본에게 랴오둥반도에 대한 권리를 포기할 것을 주문하였고, 일본은 이 압력에 굴복하지 않을 수 없었다.

청일전쟁에서 일본이 점령했던 랴오둥반도와 산둥반도는 무사하지 못했다. 일본에 할양되기로 했던 랴오둥반도는 3국간섭에 의해 그대로 청의 영토로 유지되는 대신, 러시아는 1898년 3월 여순을 조차했다. 영국은 이에 대응하여 웨이하이웨이를 1898년 7월 10일 점령했다. 웨이하이웨이의 조차지는 1930년까지 유지되었고, 유공도는 그보다 10년 더 유지되었다. 독일은 1898년부터 칭다오를 조차했고, 제1차 대전까지 유지하였다.

일본은 1937년 6월, 중일전쟁 발발 직전에 "일청강화회의와 하관 강화조약의 역사적 의의를 후세에 전하기 위하여" 강화회의의 무대인 춘범루의 인접지에 일청강화기념관을 세웠는데, 1945년 태평양전쟁 때 미군의 폭격에 의해 파괴되었고, 그 후 다시 재건하였다. 이 기념관은 회담때 사용하였던 탁자와 물건들을 복원 전시하고, 또한 리훙장과 이토 히로부미 등이 쓴 글씨 등도 전시하고 있다. 시모노세키의 회담 모습은 웨이하이에도 재현되어 있고, 시모노세키에도 재현되어 있는 셈이다. 그러나 일본은 청일전쟁을 있는 그대로 재현하는 기념관을 갖고 있지 않다. 전쟁의 승리가 부끄러운 역사적 유산이 될 수 있다는 것은 아이러니이다.

:::이 박물관이 보여주지 않는 것

동학농민혁명과 청일전쟁을 잇는 고리는 국제사회에서의 조선의 지위를 둘러싼 논쟁과 조선의 청에 대한 원병요청, 그리고 동학농민군에 대한 진압작전에서의 일본의 지휘권 문제이다. 왜 조선정부가 청에 원병을 요청했으며, 일본군은 어떤 이유로 조선에 군대를 보내어 전쟁을 도발했는가? 일본군이 동학농민군을 토벌할 때 조선 정부군은 어떤 위치에 있었는가? 이런 질문들은 중국의 갑오전쟁박물관이 외면하는 질문들이다. 오히려 이 질문들은 한국의 기념관들이 대답해야 하는 것들이다.

이 혁명과 전쟁이 얽힌 대사건은 동아시아 조공·책봉체제가 근대적인 조약체제로 이행하는 과정, 즉, 중국 중심의 질서가 서구의 침입을 매개로 하여 일본 중심의 질서로 이행하고, 전통적인 왕조국가가 근대적인 민족국가로 이행하는 과정에 놓여있다. 동아시아에서 전근대적인 조공·책봉체제에서 근대적 조약체제의 이행은 1840년 영국과 중국간의 제1차 아편전쟁에 의해 그 계기가 마련되었다. 중국근대사의 중요한 특징인 불평등조약체제는 1842년 난징조약으로부터 시작되었다. 이어 1858년 톈진조약(러시아, 미국, 영국, 프랑스)과 아이훈조약(러시아), 1860년 베이징조약, 1881년 일리조약(러시아) 등이 모두 불평등조약이다. 불평등조약체제는 1850년대 서구와 일본의 관계에도 적용되었다. 그러나 일본은 이런 서구와의 불평등관계를 1894년에 청산하고, 오히려 중국에 대하여 불평등조약을 강요하는 전략으로 선회한다.

동아시아 국가간 근대적 관계의 출발은 1871년 중국과 일본 사이에 체결된 일청수호조규이다. 이 조규는 양국의 대등한 관계를 상정했다. 그러나 일본은 청과 서구 여러 나라간의 불평등조약을 보면서, 조선을 매개로 하여 청에게 불평등조약을 강요하려는 움직임을 보이기 시작하였다. 최석완(2006)은 1871년부터 1894년까지 일본의 외교는 이 수호조규의 개정을 통해 대등하지 않은 관계로 만드는 것이었다고 보았다.

청의 전통적인 조공·책봉체제에 대한 도전은 프랑스와 베트남간의 1874년 '제2차 사이공 조약'이었다. 청은 이 조약의 무효를 선언하고, 프랑스와 전쟁을 벌였으나 패배했고, 1885년 6월 텐진에서 강화조약을 체결하여 베트남에 대한 프랑스의 보호권을 인정했다. 또 하나의 도전은 류큐 문제였다. 17세기 초부터 중국 및 일본에 '양속'되었던 류큐의 지위가 변화하기 시작한 것은 1872년 류큐번의 설치이고, 청일간 갈등이 발생한 것은 1874년 일본의 대만출병이었다. 표류한 류큐인을 대만인들이 살해한 사건을 계기로 청은 일본을 가상 적으로 삼기 시작했고, 1875년 일본은 이른바 마쓰다 10개 조항을 통해 류큐의 중국에 대한 책봉·조공을 금지시켰다. 1879년에는 류큐를 오키나와현으로 만들어 일본으로 편입시켰다.

1854년 류큐와 화친조약을 맺었던 미국은 이의 문제를 인식하고,* 그랜트 전 대통령이 청으로 가서 류큐를 3개 지역으로 분할하여 중부 오키나와의 독립을 유지할 것을 리훙장에게 제안하였다. 이후 미국은 일본과 협상

---

* 류큐는 1854년 미국과 조약을 맺은 후, 1855년 프랑스, 1859년 네덜란드, 1860년 이탈리아와의 수호조약을 연이어 체결하였다.

하여 오키나와를 2개로 분할하는 안을 1880년에 마련하였으나 리훙장은 이에 대한 아무런 응답을 하지 않았다. 실질적으로 청은 류큐가 일본영토로 편입되는 것을 방치했다.

조선의 국제적 지위는 1876년 강화도 조약에서 문제가 되기 시작했다. 일본은 1875년 강화도를 침략하여 운양호 사건을 일으킨 후 이듬해 강화도조약을 맺었는데, 이것의 정식명칭은 조일수호조규이다. 이 조약의 제1조는 조선은 자주 국가로서 일본과 동등권을 보유한다는 것이었다. 여기서의 자주는 청에 대한 것으로, 청도 속방은 내치와 외교의 자주권을 갖는다고 해석하고, 이를 용인하였다(조병헌 2006: 288).

한국 역사학계는 대체로 중화체제하에서의 조선의 지위에 대하여 조공·책봉관계에도 불구하고, 독립국이었음을 주장한다. 그러나 1876년부터 청일전쟁이 종료되는 1895년까지 이 문제가 매우 중요한 국제적 쟁점이었음이 분명하다. 1882년 임오군란이 발생하자 조선정부가 청에 원병을 청하여 진압하였는데, 일단 청의 군대가 진주하면서 조선의 명실상부한 독립국 지위는 흔들리기 시작했다. 리훙장은 조선에 파병한 군사 3,000명을 기반으로 하여 실질적인 속국화정책을 추진했는데, 조청상민수륙무역장정은 이를 단적으로 표현하고 있다.*

김옥균을 중심으로 하는 급진 개화파는 이런 상황을 역전시키기 위하여 기회를 엿보았다. 1884년 5월, 프랑스와의 전쟁 조짐에 따라 청의 군사 1,500명이 철수하자, 이들은 12월에 쿠데타를 감행하였다. 이때의 혁신 정강에는 조공하는 허례의 폐지, 문벌 폐지와 인민 평등의 권을 제정, 관직의 능력주의가 포함되었다. 그러나 갑신정변은 실패하였다.

---

* 이것의 전문에는 조선을 청의 속국이라고 명시했고, 외교 전반을 청에 문의하라고 주문하였다.

일본은 1885년 이노우에井上馨의 지휘로 2개 대대 병력을 서울에 주둔시켰다. 조선에 주둔하던 청군과의 충돌이 우려되자, 일본은 이토伊藤博文를 전권대사로 텐진에 보내 직예총독直隸總督 리훙장李鴻章과 협상하여, 이해 4월 18일, 전문 3개조의 텐진조약을 맺었다. 그 주요 내용은 ①청·일 양국은 4개월 이내 조선에서 철병할 것 ②조선국왕에게 권해 조선의 자위군을 양성토록 하되, 훈련교관은 청·일 양 당사국 외에 다른 나라에서 초빙토록 할 것 ③앞으로 조선에서 어떤 변란이나 중요사건이 발생하여 청·일 두 나라 또는 어느 한 나라가 파병할 필요가 있을 때는 먼저 문서로써 연락하고 사태가 가라앉으면 다시 철병할 것 등이다. 이 조약으로 일본은 조선에서 청국의 우월권을 없애는데 성공하였다.

1885년부터 1894년 초까지 청일 양군 모두 조선에 진주하지 않았지만, 동학농민혁명은 다시 이들을 조선에 끌어들이는 계기가 되었다. 최근의 중국의 연구에 따르면, 조선 정부내에서 질서를 유지하기 위하여 청에 원병을 요청하려는 움직임은 1893년 4월, 동학교도들의 보은집회에서부터 있었지만, 구체적인 요청은 1894년 5월 나타나기 시작하였다고 보고 있으며, 심지어 일본이 여러 경로로 청의 출병을 종용했다고 밝히고 있다(다이둥양, 2009: 256~257, 270). 당시 병조판서로 국정을 책임지고 있던 민영준은 홍계훈을 초토사로 임명하여 동학농민군을 진압하려고 하였고, 위안 스카이와의 협의 아래, 청의 원병이 필요하다고 주장하였다(왕현종, 2009: 21~26). 조선 정부는 그것의 부작용을 염려하여 신중하게 대응했지만, 동학농민군이 1894년 5월 31일, 전주성을 함락하자 민영준의 주도로 6월 3일 청에 원병을 요청하였고, 청은 1,500명의 군사를 파견하였다. 청의 개입 명분은 '속방 보호'였다. 당시 리훙장의 조선출병에 관한 정세판단은 조선에 주둔하고 있던 위안 스카이의 보고와 주일 사신 왕봉조의 보고에 근거하고 있었으며(다이동양 2009: 260~261), 청의 파병은 조선정부의 요청에 의한 것임을 강조하였다.

동학농민군이 6월 7일 전주화약을 맺고 전주성에서 철수하자 청일 양군은 더 이상 조선에서 주둔할 명분이 없어졌다. 그러나 일본군은 계속 증강되었고, 조선정부는 물론이고, 청도 일본에 철병할 것을 요청하였으나, 일본은 이를 받아들이지 않았다. 청은 일본군 철병을 위한 명분을 찾기 위하여 '조속한 난 평정'이 필요했고, 동학농민군 지도자를 체포하라고 지시하였다. 6월 17일 위안 스카이와 오토리간이 동시철병회담이 진진되있으나, 오토리가 일본정부의 진의를 접수한 후, 철병문제를 회피하였다.

오늘날의 청일전쟁 연구는 당시 일본은 이미 전쟁유도전략을 세우고 이를 실행하고 있었음을 밝히고 있다. 일본은 조선정부 개혁안을 전쟁개시를 위한 명분으로 삼고 있었다. 7월 23일 용산에 있던 일본군 1,000명은 조선군의 저항을 뚫고 경복궁을 강제로 점령하였으며, 25일에는 조선이 일본군에게 청의 군대를 철수시키도록 요청하는 조치를 취하게 하였고, 27일 김홍집을 수반으로 하는 군국기무처를 발족시켰다. 일본은 7월 30일 조선정부를 압박하여 기존의 조청관계를 폐기하도록 하였다(왕현종, 2009: 45~50).

청과 일본의 본격적인 전쟁은 7월 25일의 풍도해전과 7월 28일의 성환전투로부터 시작되었고, 8월 1일 일본은 청에 대하여 선전포고를 하였다. 그 선전포고에는 "조선은 독립국가"이며 , "일본은 조선에 대해 내정을 개혁하여 대내적으로 질서와 안정을 유지하고, 대외적으로 독립국가로서의 책임과 의무를 이행할 수 있어야 한다"고 충고했다. 청도 일본에 대하여 선전포고를 하였는데, 이에 따르면, "조선은 과거 200여 년간 우리의 조공국이었지만, 내정에 간섭한 적이 없다"고 주장했다.

조선에서의 일본군의 청에 대한 전쟁준비는 6월 5일 대본영의 설치, 조선
병참화로 시작되었다. 일본은 조선정부의 허락없이 7월 초에 군용전선 가
설대를 부산과 인천에 파견하였고, 8월 16일 경부간 군용전선을 거의 완성
하였다(강효숙, 2009: 434). 일본은 조선에 전쟁협조을 강요하여 8월 20일,
철도나 전신선의 이권을 제공하는 일조잠정합동조관^{日朝暫定合同條款}을 체결
하고, 8월 26일에는 청국을 대상으로 하는 일조공수동맹을 비밀리에 맺었
다(오비나타 스미오, 2009: 59).

청일전쟁의 중요한 가장 중요한 전투인 평양전투가 끝난 후 전선은 압록
강을 거쳐 전략적 요충인 랴오둥반도로 이동되었고, 일본군이 랴오둥반도
에서 청군을 물리치고 이 지역 주민들을 대량 학살할 때, 동학농민군은 공
주 전투에서 결정적으로 패배하였다. 전쟁을 마무리하는 시모노세키 조약
이 체결되고 곧바로 3국간섭이 이루어졌을 때, 동학농민군 지도자들은 처
형당했다.

일본이 얻은 랴오둥반도에 대한 권리가 3국간섭에 의해 취소된 지 2년 후
인 1897년, 조선은 대한제국을 선포했다. 1898년 뤼순이 러시아로, 칭다오
가 독일로, 웨이하이웨이가 영국의 조차지로 전락하였을 때, 조선은 잠시동
안의 세력균형 속에서 1899년 대한국 국제를 제정하였다. 그것의 제1조는
"대한국은 세계만국의 공인되온 바 자주독립하온 제국^{帝國}이니라"였다.

:::국가적 기억을 넘어 동아시아적 지평으로

웨이하이 유공도의 갑오전쟁박물관 진열관은 역설적으로 한국의 동학혁명기념관의 전시가 너무 지방적 시각에 머물러 있으며, 또한 일국사에 갇혀 있다는 점을 깨우쳐준다. 이를 넘어서기 위해서는 동학농민혁명과 청일전쟁을 함께 묶어서 인식하는 시각을 좀더 발전시켜야 하며, 그 일환으로 1894년의 대사건을 새롭게 명명하는 방안을 논의해야 한다. 그 한가지 대안은 '1894년 동북아시아전쟁'이다. 이와 비슷한 문제의식에서 강효숙(2009, 456~457)은 '조·청·일전쟁'이라는 개념을 제시한 바 있다.

동학농민혁명과 청일전쟁은 '1894년 동북아시아전쟁'의 두 구성부분이라고 할 수 있다. 당시 일본군은 조선정부와 관군을 장악한 상황에서 한편으로는 청군과 전투를 하고, 다른 한편으로는 동학농민군을 토벌하면서 전쟁을 수행하였다. 일본은 조선을 청의 영향권으로부터 분리시키려 하였다. 그것이 조선을 자신의 배타적 영향권 아래에 두는 선결조건이었기 때문이다. 이 전쟁에서 승리한 일본은 대만을 영유하면서 명백히 제국의 길로, 패전한 청은 망국의 길로 들어섰으며, 전통적 중화체제가 실질적으로 해체되었다.

시모노세키 조약은 그 조인으로부터 57년이 지난 1952년 4월 28일, 일본과 대만 사이의 '타이베이 조약'에 의해서 공식적으로 무효화되었다. 그러나 57년 전, 청이 일본에 준 배상금도, 센가쿠열도로 개칭된 조어도도 되돌려 받지 못했다. 중국은 개혁개방 후인 1985년, 웨이하이 유공도에 갑오전쟁기념관을 세웠다. 이것은 넓게 보면, 개혁개방에 따를지도 모르는 국민적 정체성의 이완을 방지하기 위한 조치라고 할 수 있으나, 보다 직접적으로는

1982년 발생한 일본 교과서 파동에 대응한 조치였다. 갑오전쟁박물관의 건립은 동아시아라는 지평에서 중국의 국민만들기 프로젝트에 속하지만, 동아시아 역사기억전쟁의 일부이기도 하다. 특히 2008년에 새롭게 개관한 진열관의 서사는 매우 민족주의적이다. 여기에는 해양강국으로 발돋움하려는 중국의 의지가 짙게 배어 있다. 조어도 문제가 고조된 2012년 7월, 중국은 '1894·갑오대해전'이라는 영화를 만들어 개봉했다. 이 영화는 웨이하이에 새롭게 만들어진 정원함 풍경구에서 촬영한 것으로, 1894년 9월 17일 벌어진 황해해전(해양도 전투)에서 치원함 함장으로 싸우다가 전사한 등세창을 주인공으로 한다.

날로 치열해지는 역사전쟁을 의식하면서, 정읍의 동학혁명기념관, 웨이하이의 갑오전쟁기념관, 시모노세키 일청강화기념관을 아우를 수 있는 안목이 있다면, 그것은 동아시아의 과거뿐 아니라 미래를 구상할 수 있는 역량이 우리 내부에서 형성되고 있음을 의미하는 것이다.

참고문헌

강효숙, 2009, 청일전쟁기 일본군의 조선민중탄압, 왕현종 외, 『청일전쟁기 한·중·일 삼국의 상호 전략』, 동북아역사재단.

김태승, 2011, 중국의 애국주의 역사교육과 기억정치-청일전쟁, 노스탤지어, 홍색관광의 사례를 중심으로, 『근현대 전쟁 유적 그리고 평화』, 동북아역사재단.

다이둥양, 2009, 갑오중일전쟁기간 청 정부의 대일정책, 왕현종 외, 『청일전쟁기 한·중·일 삼국의 상호 전략』, 동북아역사재단.

문병학, 2014, 녹두의 꿈-동학답사자료집(2014년 4월 26일).

박맹수, 2011, 『개벽의 꿈, 동아시아를 깨우다: 동학농민혁명과 제국 일본』, 모시는 사람들.

박명규, 1887, 역사적 경험의 재해석과 상징화-동학농민전쟁의 기념물, 『사회와 역사』 51, 한국사회사학회.

박종근(박영재 역), 1989, 『청일전쟁과 조선:외침과 저항』, 일조각.

왕현종, 2003, 『한국 근대국가의 형성과 갑오개혁』, 역사비평사.

왕현종, 2009, 『조선 갑오개혁 정권의 대일 정략과 종속의 심화, 왕현종 외, 『청일전쟁기 한·중·일 삼국의 상호 전략』, 동북아역사재단.

신영우, 2009, 『동학농민군 피살자의 수와 일본군의 학살책임, 『동학농민혁명–청일전쟁 유적지 답사』, 동학농민혁명기념재단.

여문환, 2009, 『동아시아 전쟁기억의 국제정치』, 한국학술정보.

오바나타 스미오, 2009, 『청일전쟁전루 일본정치에서의 동아시아 질서구상』, 왕현종 외, 『청일전쟁기 한·중·일 삼국의 상호 전략』, 동북아역사재단.

은정태, 2009, 『청일전쟁전후 조선의 대청정책과 조청관계의 변화』, 왕현종 외, 『청일전쟁기 한·중·일 삼국의 상호 전략』, 동북아역사재단.

제노네 볼피첼리(유영분 역), 2009, 『구한말 러시아 외교관의 눈으로 본 청일전쟁: 조선 땅에서 벌어진 서양문명과 동양문명의 충돌』, 살림.

조병한, 2006, 『일본의 동아시아 질서 재구축과 청일전쟁』, 역사학회 편, 『전쟁과 동북아의 국제질서』, 일조각.

조세현, 2013, 1880년대 北洋水師와 朝淸關係, 『동양사학연구』 제124집, pp. 211~254.

최석완, 2006, 일본의 동아시아 질서 재구축과 청일전쟁, 역사학회 편, 전쟁과 동북아의 국제질서, 일조각.

中塚明(박맹수 역), 2002, 『1894년, 경복궁을 점령하라』, 푸른 역사.

Armstrong, C.K. ed al, 2006. *Korea at the Center: Dynamics of Regionailsm in Northeast Asia*, M.E.Sharpe.

Lone, Stewart. 1994. *Japan's First Modern War: Army and Society in the Conflict with China, 1894~1895*, New York: St. Martin's Press.

Paine, S.C.M. 2003. *The Sino-Japanese War of 1894~1895: Perception, Power, and Primacy*, Cambridge, MA: Cambridge University Press.

威海市檔案局 編, 2011, 『1398-1949: 歲月威海』, 山東畵報出版社.

陳悅, 2008, 『碧血春秋-北洋海軍甲午戰史』, 長春: 吉林大學出版社.

陳悅, 2012, 『沈沒的甲午』, 南京: 鳳凰出版社.

戚其章, 2006, 『走進甲午』, 天津: 天津古籍出版社.

戚俊杰 주편, 1995, 『中國甲午戰爭博物館』, 山東大學出版社.

戚俊傑, 1997, 『丁汝昌集』, 濟南: 山東大學出版社.

戚俊傑·郭陽, 2010, 『甲午縱橫』, 濟南: 華文出版社.

戚俊傑·劉玉明, 2006, 『北洋海軍研究』, 天津: 天津古籍出版社.

哲夫-杜常君, 2009, 『旅大舊影』, 濟南: 濟南畵報出版社.

鴻明, 2012, 『甲午海戰』, 北京: 中國文史出版社.

백지운

문화의 망명지,
칭다오

::::근대도시 칭다오의 탄생

1897년 11월 산둥성 차오저우^{曹州} 쥐예^{巨野}에서 두 명의 독일 선교사가 살해되었다. 독일정부는 이를 빌미로 군대를 파병해 자오저우만^{膠州灣}을 침략했다. 1898년 3월 6일, 청 정부는 독일과 〈자오아오^{膠澳}조계조약〉을 맺어 자오저우^{膠州}와 아오저우^{澳州} 및 그 주변 지역을 독일에 99년간 조차하는 안에 승인했다. 1899년, 독일 황제 빌헬름2세는 "조계지 신시가지의 이름을 칭다오로 한다"라고 반포했다. 작은 항구의 이름에 불과하던 칭다오가 도시의 이름으로 역사 속에 새롭게 등장하게 된 것은 이때부터였다.

1900년 독일 식민당국은 칭다오 도시계획을 제정하고 신속하게 시행에 옮겼다. 식민도시 칭다오의 첫 번째 위상은 군항^{軍港}, 즉 독일 원동^{遠東} 지역의 군사요새이자 중국 진출의 교두보였다. 두 번째는 경제항이었다. 독일은 칭다오를 자유항으로 열어 영국 점령지 홍콩과 경쟁할 생각이었다. 마지막으로 독일은 촉촉한 해양성 공기와 따스한 햇빛 등 천혜의 자연적 조건을 갖춘 칭다오를 여행과 휴양의 도시로 만들고자 했다.

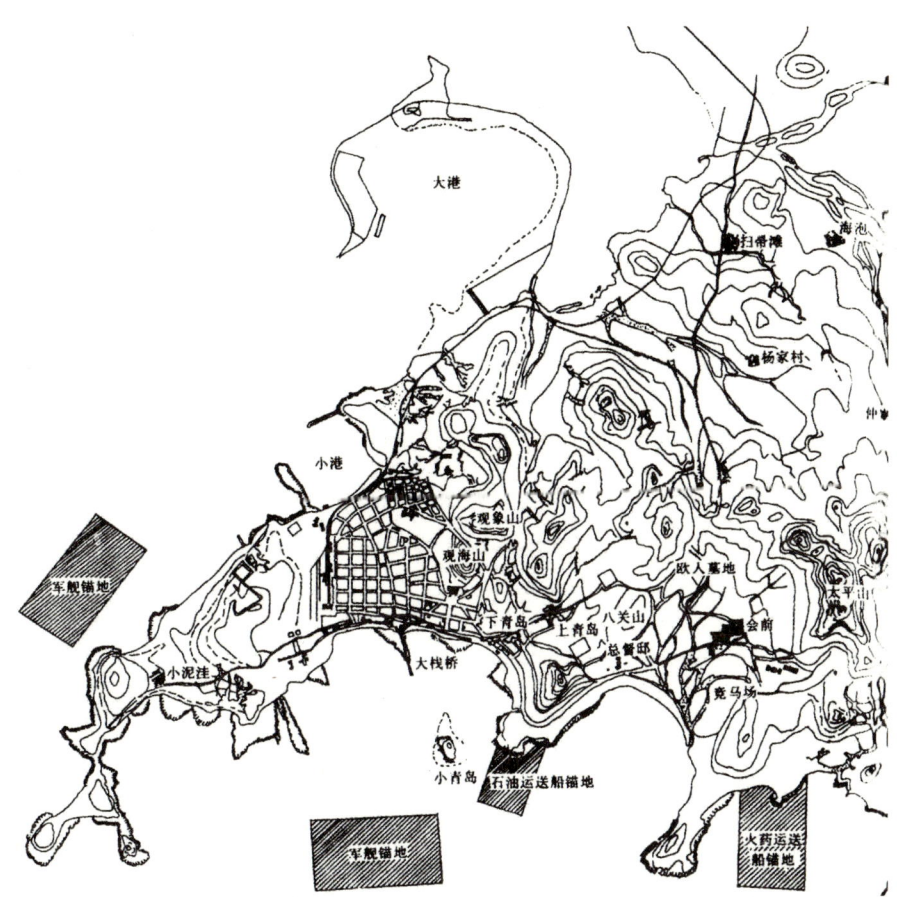

1900년 칭다오 도시계획도(출처: 『中國近代建築史話』)

　칭다오의 도시구획은 시중심구, 별장거주지구, 공업지구, 항구 및 철로로 나뉘었다. 해변 또한 휴양용 해변과 생산운수업 위주의 해변으로 구분하였다. 이는 당시 유럽에서 유행하던 '벨트형 도시구획'을 따른 것이다. 즉, 철도를 비롯한 도로교통을 도시의 중심에 두고 그 바깥으로 주택 및 별장지구를 아름답게 꾸미는 방식이다. 이 계획에 의거하여 1898년부터 1910년까지 12년간, 철로와 항구 등 도시 기반시설이 초보적으로 갖춰졌고 초기

조계지 건축물들이 서면서, 칭다오의 근대 도시적 면모가 갖추어졌다.

1910년 독일 식민지 당국은 원래의 도시계획에 기반하여 확장계획을 제정했다. 이 계획에 의거하여, 칭다오 시의 면적은 이전보다 네 배 늘어났고 유럽인 거주지와 중국인 거주지를 구분했던 원래 규정은 폐기되었다. 또한 대항^{大港} 북쪽에 바다를 매워 신 항구를 건축하고 자오지^{膠濟}철로에서 지선을 뽑아 부두로 직선으로 통하게 했다. 이 계획으로 칭다오는 도시의 기본 틀은 유지하면서, 도시 면적이 대폭 확장되었고 상업도시로서의 기능과 항구의 수용능력 및 철도의 수송능력이 한층 증진했다.

유명한 유럽식 건축물들이 지어진 것도 이 시기였다. 자오아오총독부 청사는 이 시기 가장 위용을 날리던 건축물이다. 독일총독부관저 또한 이 시기에 지어졌다. 그 외에도, 복음교회당 장수루기독교당^{江蘇路基督敎堂}, 기차역, 경찰서, 헨리왕자호텔과 같은 공공건물들이 세워졌고, 독립된 주거지구도 건설되었다. 이 시기에 건조된 건축물들은 정치한 독일 고전건축의 풍격을 담고 있다. 우뚝 솟은 탑루와 붉은 기와, 도움형 지붕 등이 그 특징이다. 칭다오의 라오산^{崂山}은 화강암이 풍부했고 또 당시 독일에서도 화강암 장식이 유행했기 때문에, 화강석은 칭다오의 전형적인 건축재료가 되었다. 대표적인 예로 1906년에 건축된 총독부관저는 주요 벽면 세 곳이 모두 화강석으로 꾸며졌고, 1907년 완공된 총독부별관과 1910년에 지어진 장수루기독교당은 모두 화강석 표면을 올록볼록하게 조각하여 입체감 있게 벽면을 세웠다. 19세기 독일에서 유행한 문예부흥식 복고와 로마식 복고 건축물이 칭다오에서 부활하여, 어떤 건축물엔 장엄한 탑루가 있는가 하면 어떤 건축에는 바로크 풍의 장식이 있었다. 또한 1900년 독일이 제정한 도시계획에는 건축물 지붕에 함석판 사용을 금지하고 붉은색의 고령토를 사용할

大港

小港

台东镇

提督公署

俾斯麦兵营

栈桥

台西镇

小港

0   500   1000m

1910년 칭다오 도시확장계획도(출처:『中國近代建築史話』)

것을 명확하게 규정했다. 그리하여 이후 백여 년 동안 '붉은 기와'는 칭다오 건축물의 독특한 풍격이 되었다.

1914년 제1차세계대전이 발발했다. 그해 8월 일본은 독일에 선전포고를 하고 11월 칭다오를 점령했다. 칭다오를 점령한 일본은 독일이 1910년에 제정한 도시계획을 준수했다. 이후 1922년 중국의 북양北洋정부가 칭다오를 회수한 후 칭다오의 이름은 '자오아오상부膠澳商埠'로 잠시 바뀐다. 그러나 1929년 칭다오를 차지한 난징국민정부가 다시 '칭다오특별시'로 이름을 바꾸었다. 난징국민정부 시기, 칭다오는 다시 한 번 발전의 고조에 이른다. 특히, 1931년에서 1937년까지 도시 건설을 중시하는 천 훙리에沈鴻烈가 시장으로 부임하면서 칭다오는 제2의 황금기를 맞았다. 그는 1932년 '칭다오시 임시건축계획'을 제정하여 건축의 밀도·도로의 넓이·건축물 고도의 비율을 정하고, 상업지구에 단층건물 건축을 금지했다. 그중 '특별구역건축' 조항을 보면 건축의 밀도를 최대 50%를 넘지 않도록 제한하는 규정이 있다. 녹지 보호 규정을 두고 건물 층수를 제한하는 것은 물론, 담장 재질에 대해서도 규제를 가했다. 1932년에는 '건축심미위원회'를 구성하여 도시 경관에 대한 다양한 규제규정을 만들기도 했다.

중일전쟁이 발발한 이듬해인 1938년 1월 일본이 다시 칭다오를 점령했다. 1939년 일본은 모현墨縣과 자오현膠縣을 편입시켜 면적을 대폭 확장하고 명칭도 '대大칭다오시'로 바꾸었다. 1940년, 일본은 '칭다오특별시 지방계획'과 '모母시계획'을 제출하였다. 전자가 칭다오를 허베이 지방의 입구, 수륙교통의 요지, 허베이 군사기지, 공업기지, 관광지로 재정비할 야심을 담았다면, 후자는 칭다오시 지구를 바이샤허白沙河까지 확대하는 방안을 품고 있었다. 그러나 1945년 일본이 연합국에 투항하면서 이 계획은 수포로 돌아갔다.

青島(1910 年 9 月?日)滯銷片 ‖ 邮票: Mi #19 或 #29 ‖ 邮资: 2 分 ‖ 邮戳: 胶州青島 D 型戳

총독부관저 엽서(출처:『靑島老明信片』)

邮程: 青島(1901 年 10 月23 日)→德国 Geestemunde(1901 年 12 月2 日)
‖ 邮票: Mi #6 ‖ 邮资: 5 芬尼 ‖ 邮戳: 德国军艦上的海车车邮戳

헨리왕자호텔 엽서(출처:『靑島老明信片』)

총독부관저(현, 영빈관), 2013년 7월 필자 촬영

장수루기독교당, 2013년 7월 필자 촬영

연도	칭다오 식민 점령 개황	비고
1898년 3월	〈자오아오 조계조약〉 조인.	
1914년 11월	일본의 군사식민통치 시작, 칭다오를 방직공업기지로 키움.	1914 1차대전 발발 1919 파리강화회의에서 일본의 자오저우만 권익 승인, 5·4운동 발발
1922년 2월	중국 북양정부가 회수. '膠澳商埠'로 개칭.	1924~1927 제1차국공합작
1929년 4월	난징국민정부가 회수. '칭다오특별시'로 개칭하여 중앙정부 행정원 관할에 둠.	
1930년	칭다오로 개칭. 모현(墨縣) 라오산(崂山) 동부의 주요산맥을 모두 칭다오시 관할에 둠.	1931 만주사변
1938년 1월	일본, 제2차 칭다오 점령. '칭다오시 치안유지회' 설치.	1937 중일전쟁 발발, 제2차 국공합작
1939년 1월	칭다오특별시 설립. 모현(墨縣)과 자오(膠縣)현을 편입하여 '대(大)칭다오시'로 개칭.	
1945년 9월	미군 칭다오 진주. 국민당정부가 칭다오를 접수함. 모현과 자오현을 빼고 원래 칭다오의 행정구역을 회복함.	2차대전 종전
1947년	중화민국해군관학교가 칭다오로 이전함으로써, 중화민국 해군의 중요 기지가 됨.	
1949년 6월	미군 철수, 국민당정부 철수. 중국인민해방군 칭다오시 진주.	1949.10 중화인민공화국 건국

::: 칭다오의 문화자취

1898년 메이지유신을 본받아 시도했던 변법유신變法維新이 '백일천하'로 돌아갔다. 유신 실패 직후 간신히 홍콩으로 피신하여 목숨을 구한 캉 여우웨이康有爲, 1858~1927는 그로부터 이십여 년간 일본, 유럽, 미국 등 천하를 주유하다 1913년에야 귀국한다. 그가 처음 칭다오에 온 것은 1917년이었다. 장쉰^{張勛}의 복벽을 돕다 실패하자 미국 공사관의 도움으로 탈출하면서 들른 것이다. 그때 그는 칭다오에 대한 인상을 다음 열두 자로 남겼다. "紅瓦綠樹, 碧海藍天, 中國第一(붉은 기와에 푸른 나무, 파란 바다에 쪽빛 하늘, 중국 제일이로다)." 그로부터 백년 동안 이 구절은 칭다오를 소개하는 대표적인 문구가 되었다.

상하이를 비롯한 중국의 다른 조계와 달리, 유일한 독일 점령지였던 칭다오의 독특한 경관은 이후 일본과 국민당 등 점령자가 바뀌는 과정에서도 대체로 원래의 기조를 유지해 왔다. 역설적으로 1949년 중화인민공화국에 의해 '해방'되면서 위기가 찾아왔다. 문화대혁명 시기 종교건축물과 사당이 파손되고 특히 1980년대 개혁개방 이후 구도심에 고층건물이 들어서면서 '동양의 스위스' 칭다오의 도시경관은 한때 큰 위기를 맞았다. 다행히 1990년대 초 도시계획의 방향을 바꾸어 구도심에 새로운 건축을 통제함으로써 뒤늦게나마 원래의 경관을 보호할 수 있었다. 그러나 2008년 베이징올림픽 때 요트경기가 칭다오에서 열리면서 다시 한 번 대대적인 개발의 바람이 밀려왔다. 현재 중국의 대표적 해변휴양도시 칭다오는 한해가 다르게 발전하고 있다. 이런 발전에는 아쉬움이 적지 않다. 쇄도하는 개발 광풍으로 칭다오 곳곳에 고즈넉이 깃든 문화의 자취들이 숨쉴 공간이 점차 사라지고 있기 때문이다.

칭다오의 역사와 문화를 더듬다보면 식민도시의 아이러니가 새삼스럽다. 문화적 자취와 식민의 역사가 뗄 수 없이 연결되어 있기 때문이다. 서구 제국주의에 투항한 뼈아픈 결과였던 상하이 조계가 역설적으로 20세기 초 중국의 근대문화를 꽃피운 역동적인 공간을 연 것과 마찬가지로, 칭다오에 깃든 문화적 향기 또한 조계라는 역사 없이는 생각하기 어려운 것이었다.

　이제 그 자취를 하나씩 짚어가보자.

::칭다오 역사의 산실, 중국해양대학

1897년 칭다오를 점령한 독일은 칭다오산을 비스마르크산으로 개명했다. 그리고 산밑에 비스마르크 병영을 건설하고 병영 측면에 있던 동관지에^{東關}街라는 거리에 오스포스가^街라는 이름을 붙였다. 주지하다시피 비스마르크는 독일제국의 초대 수상이다. 비스마르크 병영이 세워진 자리는 원래 청군의 송우^{嵩武}병영과 광우^{廣武}병영이 있던 곳이다.

　비스마르크 병영은 일본 점령기에는 '만년^{萬年}병영'으로 개명되었다. 벽돌과 라오산의 화강암 그리고 철근으로 만들어진 이 병영은 지하 일층 지상 삼층의 건물로 이루어졌다. 웅장하고 우아한 파사드와 더불어 노란 색 담벽이 견고한 화강암 기반 위에 세워졌다. 비스마르크 병영은 로타르 마르케즈 Lothar Marquez라는 독일 건축가의 지휘 아래 1900년에 착공되어 1909년 완공되었다. 1945년에는 U. S. 해병대 22사단을 수용했다. 지금은 중국해양대학 수산박물관^{水産博物館}이라는 이름으로 중국해양대학 캠퍼스 안에 있다.

　말하자면 현재 중국해양대학교의 전신이 바로 비스마르크병영인 것이다. 일본으로부터 칭다오를 회수한 북양정부가 1924년 사립칭다오대학을 세웠을 때, 비스마르크 병영을 학교건물로 사용했다. 그러나 1925년 직예파^{直隸派}와 봉천파^{奉天派} 군벌 사이에 싸움이 벌어지고 북양정부가 속한 직예파가 패배하자 사립칭다오대학는 재정 악화로 문을 닫게 된다(1928년).

　1929년 중국의 저명한 교육자 차이 위안페이^{蔡元培}가 휴양차 칭다오를 방문한다. 폐쇄된 칭다오대학의 여학생숙사에 머물던 차이 위안페이는 칭다오

중국해양대학 내 수산박물관
출처: http://trip.elong.com/zhongguohaiyangdaxue/tupian/146567.html#pic

邮程: 青岛(1908 年 11 月 28 日)→德国 ‖ 邮票: Mi #29 ‖ 邮资: 2 分 ‖ 邮戳: 胶州青岛 I 型戳

비스마르크병영 엽서. 일티스(Iltis) 병영 다음으로 칭다오에 두번째로 세워진 대형 병영(출처: 『青島老明信片』)

'비스마르크 병영 유적'이라고 쓰인 기념비(左), 캉 여우웨이 고거 기념관(右)
출처: http://trip.elong.com/zhongguohaiyangdaxue/tupian/146567.html#pic, 『靑島老別塾』

의 아름다운 환경과 쾌적한 기후에 반하고 만다. 당시는 좌우가 대립하고
군벌이 할거하던 혼란한 정국이었다. 차이 위안페이는 사통팔달하여 역사
적으로 줄곧 전쟁에 시달려온 지난濟南과 달리 해변에 위치한 칭다오는 전란
의 해를 가장 덜 받는 곳이라 생각했다. 그리하여 국립산둥대학을 칭다오로
옮길 것을 교육부에 강력하게 주장했고, 교육부도 그의 안을 받아들여 국립
산둥대학준비위원회의 명칭을 국립칭다오대학주비위원회로 개칭했다.

이러한 과정을 거쳐, 폐교되었던 사립칭다오대학은 1930년 국립칭다오대
학으로 다시 개관하게 된다. 1932년 난징국민정부는 북양정부 시절의 성립
省立산둥대학을 국립산둥대학으로 바꾸고, 국립칭다오대학을 국립산둥대
학 칭다오분교로 개명한다. 중화인민공화국 수립 이후, 국립산둥대학 칭다
오분교는 다시 산둥해양대학으로 명칭이 바뀌었다(1959년). 1960년 국가
중점대학 중 하나로 선정된 이곳은 1988년 칭다오해양대학을 거쳐 2002년

지금의 중국해양대학이 되었다.

::칭다오에 온 사람들

수난의 '보황파', 캉 여우웨이

1917년 처음 칭다오에 들러 그 아름다운 풍경에 넋을 잃은 캉 여우웨이는 북양정부가 칭다오를 수복한 이듬해인 1923년 칭다오를 다시 찾는다. 당시 자오아오 독판^{督辦} 송 빙치^{熊炳琦}는 그를 위해 푸샨루^{福山路} 6번지(지금의 福山支路 5號)에 있는 저택을 내 주었다. 그것이 바로 지금의 '캉 여우웨이 고거기념관^{康有爲故居記念館}'이다.

이 건물은 독일군 점령 당시 독일총독부로 지어진 것이다. 나중에 신하오산^{信號山}에 새 총독관저가 지어진 이후 이 저택은 부총독관저로 사용되었다. 1899년에 지어진 이 건물은 애초에는 사방이 트인 주랑^{走廊}식 단층건물로, 초기 식민지 건물을 대표하는 양식이었다. 훗날 캉 여우웨이가 확장하여 지금의 삼층 건물로 올렸다. 그는 당시 폐위된 선통제^{宣統帝} 푸이^{溥儀}가 지은 이름을 그대로 받아 이 저택의 이름을 '천유당^{天遊堂}'이라 불렀다.

1927년 캉 여우웨이가 세상을 떠난 후 그의 시신은 고거 안에 임시 매장되었다가 1943년 정식으로 칭다오 리춘^{李村}의 상얼산^{象耳山}에 안치되었다. 문화대혁명 시기에는 '보황파^{保皇派} 타도'라는 구호 아래 무덤이 파헤쳐지고 시신이 훼손당하는 비운을 겪었다. 다행히 칭다오시박물관이 그의 유골을 보존했다가 훗날 후손의 동의를 거쳐 새로 이장했다. 1985년 정식 이장식이 거행되었고, 캉 여우웨이의 제자 류 하이수^{劉海粟}가 묘지명을 썼다. 이듬해인 1986년 칭다오시는 오랫 동안 폐허로 방치되어 있던 캉 여우웨이의 고거를 대대적으로 수리하여 그해 9월 정식으로 개방했다.

5·4운동의 기수, 양 전성

오늘날 중국해양대학은 해양학 분야가 특화된 국가중점대학이다. 그런데 1930년대 국립칭다오대학 시절에는 현대 중국문학사에서 내로라 하는 작가와 평론가들이 수없이 거쳐간, 문화의 산실이었다.

1930년 가을, 차이 위안페이의 노력 끝에 국립칭다오대학이 개관했다. 초대 교장으로 부임한 사람은 5·4시기 학생운동의 중심인물이었던 양 전성楊振聲, 1890~1956이었다. 양 전성은 산둥 펑라이현蓬萊縣 출신이다. 베이징대학 수학 시절 그는 학생잡지 『신차오新潮』의 주요 동인이기도 했다. 1919년 5월 4일, 베이징에서는 빠리강화회의의 결과에 분노한 학생들이 매판관원 차오 루린曹汝霖의 관저를 불태우는 사건이 발발했다. 5·4운동의 도화선이 된 이 유명한 사건의 주모자가 바로 양 전성이었다. 이 사건으로 그는 투옥되었고 출옥 후 미국으로 건너가 콜롬비아 대학, 하버드대학에서 심리학을 공부했다. 1924년 귀국한 양 전성은 베이징대학, 칭화대학 등에서 교편을 잡고 있었다. 5·4운동이 칭다오의 주권을 둘러싸고 발발한 사건임을 생각하면, 5·4운동의 불꽃 한복판을 지켰던 그에게 국립칭다오대학 초대 교장이라는 직책은 각별한 감회를 가져왔을 터이다.

교장으로 부임한 후 양 전성은 량 스치우梁實秋, 원 이두어聞一多, 천 멍자陳夢家 등 '신월파新月派' 작가들을 대거 불러들였다. 당시 칭다오대학은 신월파의 진지라 해도 과언이 아니었다. 문학적 경향 면에서, 신월파는 혁명이나 정치에 대한 관심보다, 영혼의 표현과 미적 해석에 더 치중한 유파였다. 그래서 당시 량 스치우를 비롯한 신월파 문인들과 격렬한 논전을 벌였던 루 쉰魯迅은 칭다오대학을 '자본가의 주구 량 스치우'의 포교지라며 빈정거렸던 것이다.

칭다오대학 교장 시절, 양 전성은 유명한 문인들뿐 아니라, 장 타이엔^{章太炎}, 후 스^{胡適}, 루어 창페이^{羅常培}, 펑 여우란^{馬友蘭}, 천 인커^{陳寅恪} 등 당대 최고의 석학들을 초청하여 강연회를 열었다. 또한 학생들로 하여금 각종의 토론회, 연구회 등을 조직하게 하여 학문을 연마하고 인생과 사회의 문제를 깊이 토론하게 했다. 그야말로 칭다오대학 설립 이래 최고의 전성기였다.

1932년 학교재정의 궁핍과 연달아 일어나는 학생소요 속에 양 전성은 학교를 떠나게 된다. 그의 고거^{故居}가 현 중국해양대학 북쪽, 독일총독관저 동남쪽 방향에 위치한 오래된 주택가에 남아 있다. 주소는 황셴루^{黃縣路} 7번지.

마음 여린 문인, 선 총원

칭다오를 다녀간 수많은 문인들 중 빼놓을 수 없는 인물이 선 총원^{沈從文, 1902~1988}이다. 중국의 저명한 무정부주의 작가 빠진^{巴金}은 훗날 어느 회고에 이런 말을 남겼다. "1932년 칭다오 어느 산 위 친구의 숙소에 머물며 「사랑^愛」과 「광부^{砂丁}」의 서문을 썼다." 여기서 말하는 '산'이 중국해양대학 동쪽에 위치한 빠관산^{八關山}이며, '친구의 숙소'란 바로 선 총원의 고거이다.

선 총원은 후난^{湖南} 평황현^{鳳凰縣} 출신으로 묘^苗 · 한^漢 · 토가^{土家}족의 혼혈이다. 1931년 8월 후 스 · 원 이두어 · 쉬 즈모^{徐志摩} 등의 추천으로 양 전성은 선 총원을 칭다오대학의 교원으로 초빙한다. 그가 칭다오대학에서 맡은 과목은 '소설사'와 '산문쓰기'였다. 칭다오대학의 학생이자 훗날 유명한 시인이 된 장 커자^{臧克家, 1905~2004}의 회고에 따르면, 당시 선 총원의 명성을 듣고 수많은 작가 지망생들이 그의 강의실에 모여들었다 한다. 그러나 그의 강의는 '창작의 비결'을 전수받고자 하는 학생들의 얕은 기대를 배반하는 것이었다. 강의실에서 선 총원은 목소리가 작고 말이 빠른 내성적인 문인이었다. "유명한 작가도 잊고 명성도 잊고 문장을 세상에 남기겠다는 욕망도 잊으라"는 그의 가르침은 학생들이 기대했던 것과는 거리가 멀었던 듯하다.

흥미롭게도 당시 선 총원의 글쓰기 수업을 청강하던 칭다오대학 도서관 관리원 하나가 30년 후 어느 미국 기자와의 인터뷰에서 가장 기억에 남는 선생으로 선 총원을 들었다 한다. 리 윈허^{李雲鶴}라는 이름의 그 여인은 훗날 중국 현대사에 커다란 풍파를 일으킨 장본인, 장 칭^{江青}이다.

칭다오에 있던 이년간, 선 총원은 전기, 소설, 중단편 소설 등 십여 편의 글을 썼다. 그 중 「빠쥔투^{八駿圖}」는 그가 살았던 칭다오대학 교원숙사를 배경으로 쓴 것이다. 숙소 부근의 정원과 해수욕장에 대해서 썼고 또 그곳에 함께 살던 여덟 명의 교수의 생활을 그렸다. 작품에 교수들의 사생활이 드러나는 바람에 훗날 선 총원은 적지 않은 곤혹을 치렀다 한다. 특히 나태하고 생명력이 박약한 지식인 '딩^丁 교수' 혹은 '우^戊 교수'가 실제 량 스치우를 모델로 했다는 해석이 나오면서 더더욱 그랬다.

1933년 여름 선 총원은 양 전성, 원 이두어 등과 함께 라오산을 등반했다. 거기서 그는 바다의 촉촉한 기운과 초목의 향내가 아련히 섞인 바람 속에서 꽃과 같은 소녀를 만났다. 하얀 상복을 입고 표주박으로 강물 한 바가지를 뜨고는 나룻배를 저어 떠나버린 그 소녀는 훗날 선 총원의 대표작 『변성^{邊城}』의 주인공 추이추이^{翠翠}가 되었다.

1933년 칭다오대학을 사직하고 베이징으로 돌아간 양 전성은 중소학 교재 편찬 작업을 위해 선 총원을 베이징으로 불러들였다. 마침 「빠쥔투^{八駿圖}」 발표 이후 동료들과 불편했던 차라, 선 총원은 학기가 끝나는 대로 바로 짐을 챙겨 칭다오를 떠났다. 푸산루^{福山路} 3번지에서 보낸 그의 칭다오의 생활은 그렇게 짧았다.

중국해양대학 내 원 이두어 고거(출처: 中國敎育新聞網)

이 외에도 칭다오를 다녀간 문인들은 수없이 많다. 1930년 양 전성의 초빙으로 국립칭다오대학 중문과 주임으로 부임한 원 이두어^{聞一多, 1899~1946}는 원덩루^{文登路}에 있는 작은 목조가옥에 살았다. 그곳에서 그는 장편 백화시 「기적^{奇迹}」과 산문 「칭다오」를 썼다. 훗날 그는 학교 숙사, 즉 빠관산과 칭다오산이 교차하는 곳, 어느 독일 선교사가 지은 작은 건물로 이사했는데 그것이 지금 중국해양대학교 안에 있는 '이두어러우^{一多樓}'이다.

원 이두어와 함께 부임한 량 스치우^{梁實秋, 1903~1987}는 1930년에서 1934년까지 위산루^{魚山路} 7번지에 살았다. 당시 상하이에서 루쉰과 벌이던 논전으로 지쳐있던 량 스치우는 칭다오의 아름다운 자연경관에 마음을 빼앗겨 양 전성의 초빙에 단번에 응했다. 중화인민공화국 수립 후 대만으로 건너간 량 스치우는 대륙, 특히 칭다오에 대한 그리움을 금치 못했다. 만년에 남긴 수필 「칭다오를 기억하며^{憶靑島}」에는 칭다오에 대한 그의 각별한 정이 담겨 있다.

한편, 국립칭다오대학을 개관하여 칭다오 문화 번영에 결정적인 공헌을 한 차이 위안페이^{蔡元培, 1868~1940}의 고거가 핑위안루^{平原路} 12번지에, 『루어투어샹즈^{駱駝祥子}』의 작가이자 국립산둥대학(국립칭다오대학에서 개명)의 중문과 교수를 역임한 라오 셔^{老舍, 1899~1966}의 고거가 황셴루^{黃縣路} 12번지에, 저명한 극작가이자 영화감독 홍 선^{洪沈, 1894~1955}의 고거가 푸산루^{福山路} 1번지

라오 셔 고거(출처: 中國敎育新聞網 中國檔案資訊網)

그리고 '동북작가군'으로 현대문학사에 이름을 남긴 샤오 홍^{蕭紅, 1911~1942}, 샤오 쥔^{蕭軍, 1907~1988}, 슈 췬^{舒群, 1913~1989}의 고거가 관샹이루^{觀象一路} 1번지에 남아 있다.

:::나그네의 고향

식민의 격랑 속에 파란의 세월을 지나온 칭다오. 그 파고에 가려진 도시 안쪽에 찍힌 문화의 자취가 이토록 아련하다. 원 이두어의 장시 「기적」, 선 총원의 「빠쥔투」, 홍 선의 극본 「재난 뒤의 도화^{劫後桃花}」, 저 유명한 라오 셔의 「루어투어샹즈」, 샤오 쥔의 「팔월의 향촌」, 샤오 홍의 「생사장」 등 중국현대

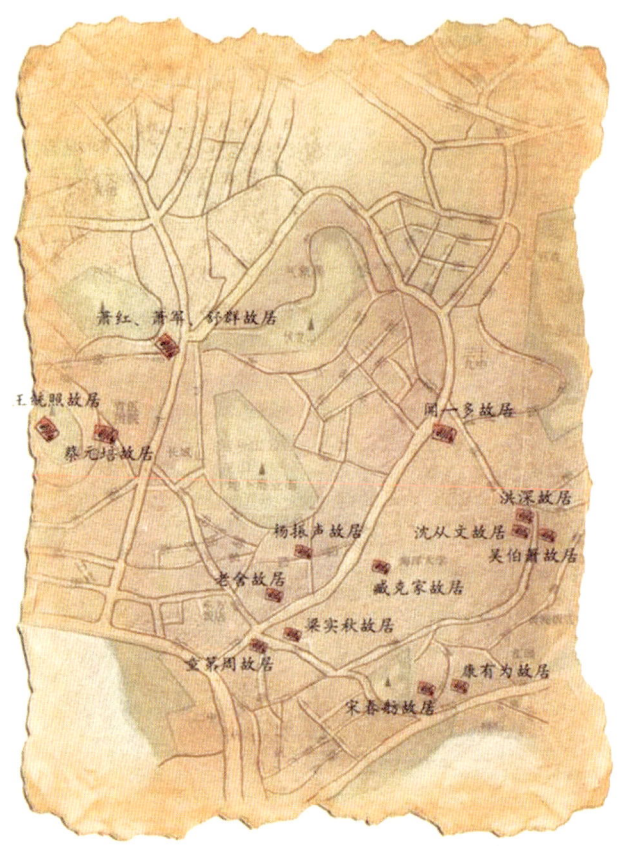

칭다오에 살았던 문인들의 고거(출처:『中國名人故居遊學館: 海誓山盟』)

문학의 기념비 같은 작품들이 칭다오에서 쓰여졌거나 배태되었다. 정치적·
문화적으로 번화했던 베이징 상하이와 달리, 칭다오는 대도시의 소란에 지
친 작가들에게 휴식을 주는 고요한 망명지였다. 작가들은 이곳에 들어와
안식과 위안을 얻고 영감을 회복했지만 오래 머물지 않고 떠났다. 그래서
칭다오에는 베이징의 '경파^{京派}', 상하이의 '해파^{海派}'와 같은 문학유파가 형성
되지 못했다. 그뿐인가, 엄습하는 현대의 진군 속에, 고즈넉이 익어가던 문

화의 내음이 안팎으로 망각의 위기에 놓인 것도 사실이다. 분명 문화도시로서 칭다오의 면모는 상하이나 베이징보다 덜 도드라진다.

그러나 다른 시각에서 보면, 바로 그 '망명도시cities of refuge'로서의 성격으로 인해 칭다오는 베이징 상하이보다 한층 각별한 문화적 의미를 지니는 것 아닐까. 칭다오를 다녀간 문인들의 자취를 더듬다 보면, 환대란 배양해야 할 윤리가 아니라 그 자체로 공동체의 기풍이자 문화라는 데리다J. Derrida의 말이 떠오른다. 타자에게 열려 있음으로써 나그네의 영원한 고향이 되는 칭다오야말로 문화의 근원적 심층을 갖춘 보기 드문 근대도시가 아닌가. 객客들의 흔적을 소중히 기억하는 칭다오의 모습이 자기 고장 출신을 사랑하는 여느 도시보다 더 풍요롭게 느껴지는 이유가 여기에 있다.

참고문헌

楊秉德·蔡萌, 『中國近代建築史話』, 北京: 機械工業出版社, 2003.

韓千鈞, 『中國名人故居遊學館: 海誓山盟』, 北京:中國畫報出版社, 2005.

陸遊·徐曉梅, 『青島老明信片』, 青島: 青島出版社, 2005.

魯海, 『青島老別墅』, 青島: 青島出版社, 2006.

Jacques Derrida, *On Cosmopolitanism and Forgiveness*, London & New York: Routledge, 2007.

樊新建·韓嘉川 等, 『文化青島』, 北京: 中國社會出版社, 2008.

趙成國, 「식민주의 인식과 식민유산의 보호: 상하이 칭다오의 경우」, 인하대학교 한국학연구소 『동아시아, 개항을 보는 제3의 눈』, 인천: 인하대학교출판부, 2010.

백지운, 「식민지의 기억, 그 재영토화를 위하여: 존스턴별장을 통해 본 동아시아 조계 네트워크」, 인하대학교 한국학연구소, 『동아시아, 개항을 보는 제3의 눈』, 인천: 인하대학교출판부, 2010.

정근식

웨이하이웨이와 영국식민주의
: 제2의 홍콩만들기

최근 중국의 도시들이 변화하는 모습을 보면, 한편으로는 놀랍고 다른 한편으로는 안타까움을 느끼게 된다. 놀라는 것은 속도와 규모 때문이고, 안타까운 것은 19세기와 20세기에 걸쳐 형성된 중국적 경관의 고유성이 소멸되기 때문이다. 산둥반도의 도시들도 마찬가지이다. 칭다오나 웨이하이도 초현대적인 외양을 갖추어가고 있지만, 혁명 이전과 이후의 근대적 경관은 너무 빨리 사라져간다. 이들 도시에서 탐구되어야 할 20세기 동아시아의 근대성은 무엇일까? 종종 이런 질문에 대한 부분적인 답을 곳곳에 설치된 박물관이 대신해준다.

중국의 역사에서 발해만의 랴오둥반도와 산둥반도는 항상 정치군사적 요충지였다. 베이징이 중국의 수도가 된 이래, 그 관문이 텐진이었다면 이두 반도는 각각 왼쪽과 오른쪽의 전초적 방어기지였다. 19세기 후반의 서구의 침략이나 청일전쟁, 러일전쟁으로 이어지는 동북아시아의 전쟁에서 이지역은 주요 전장이었고, 랴오둥반도 끝에 있는 도시 다롄이나 뤼순, 산둥

웨이하이웨이 영국조계 역사박물관

반도의 웨이하이웨이나 칭다오는 서구 열강이나 일본이 노리는 전략적 요충지였다. 그로부터 1세기가 흐른 오늘날, 이들 도시들은 중국의 경제 및 군사적 발전을 이끌어가는 중심도시로 변모하였다.

2013년 여름, 산둥반도의 칭다오와 웨이하이 답사는 나에게 중국의 근현대사를 다시 돌아보게 하는 자극제였다. 웨이하이의 유공도에는 청일전쟁 패전의 아픔을 간직한 중국갑오전쟁박물관이 있고, 또 유공도 박람원의 제5전시구역에 '영조 웨이하이웨이 역사박물관', 즉 영국 조차지 웨이하이웨이 역사박물관이 있는데, 이들은 중화체제의 해체와 반식민지화를 생생하게 보여주는 살아있는 교육장이었다.

산둥반도의 요충 도시 칭다오가 맥주 덕분에 한때 독일의 조차지였다는 것은 널리 알려져 있지만, 웨이하이가 한때 영국의 조차지였다는 사실을 아는 사람은 상대적으로 적다. 19세기 후반 청이 야심적으로 만들었던 북양함대의 근거지 웨이하이웨이는 청일전쟁의 마지막 국면에서 일본군에 의해 점령되었다가 불과 3년 후인 1898년, 영국이 조차하여 32년간 영국의 지배하에 있었다. 산둥반도의 또 다른 도시 칭다오가 1897년부터 독일에 의해 점령되었다가 1914년 제1차 대전의 발발과 함께 일본에 의해 재점령되었고, 1922년 워싱턴 회의에 의해 중국에 반환되었다면, 웨이하이는 1930년에 반환되었으니, 칭다오보다 좀더 오랜 기간 서구의 지배하에 놓였던 셈이다.

1930년 영국이 웨이하이웨이를 중국에 반환한 뒤, 이 시기에 관한 역사는 오랫동안 그늘에 묻혀 있었다. 1937년 중일전쟁의 발발부터 1949년 신중국이 성립할 때까지, 또는 1979년 중국의 개혁개방까지 지방도시사가 충분히 발전되지 않았을 뿐 아니라, 영국이 철수하면서 자신들이 만든 웨이하이웨이에 관한 자료들을 별로 남겨두지 않았기 때문이다.

웨이하이 당안국은 1996년 영국조차지 시절의 자료를 수집하기 시작하여, 2002년 『영국 지배하의 웨이하이웨이』라는 책을 출간했다. 이 책은 19세기 말부터 20세기 전반기에 이 도시가 겪은 쓰라린 역사를 다루고 있다. 이 책의 서문에는 중국 민족의 수치^{disgrace}를 잘 이해하여 중국을 강국으로 만들 책임이 중국인들에게 있다고 썼다. 2006년 이 책은 영어로 번역되어 출간되었다.

이 책의 번역 출간의 배경이 흥미롭다. 영국의 첼튼햄^{Cheltenham}에 살고 있던 이안 존슨이라는 사람이 낡은 고가를 구입했는데, 그 집의 다락방에서 신기한 사진함을 하나 발견했다. 그 함에는 1898년 영국군이 중국의 웨이하이웨이를 조차하면서 거행한 의식을 찍은 사진과 그 도시의 풍경을 담은 사진들이 들어 있었다. 이것이 인연이 되어 첼튼햄은 웨이하이와 자매결연을 맺고, 친선협회를 만들었다.

1985년 영중친선협회는 중국우호협회의 초청으로 산둥지역을 방문했는데, 이 자리에서 첼튼햄과 웨이하이의 자매결연을 제안했다. 당시 두 도시

는 인구 7만 명의 소도시였다. 그러나 그
후 웨이하이는 발전에 발전을 거듭하여
대도시로 변모했다. 1998년 두 도시는
친선도시에서 자매도시로 변화했다. 중
영 우호협회는 중국어 책을 영어로 번역
하는 사업을 지원했으며, 이 책도 그 가
운데 하나이다.

『영국지배하의 웨이하이웨이』 책 표지

이 책과 함께 웨이하이웨이의 마지막 행
정장관이었던 제임스 스톤의 전기가 있
다.* 이하에서는『영국 지배하의 웨이하이
웨이』를 기초로 하면서 그외 전기와 웨이
하이시 당안국이 편찬한 사진집**에 의존
하여 1898년의 미묘한 시기와 이후 32년간의 역사를 더듬어보고자 한다.

오늘날 중국정부의 공식자료에 따르면, 웨이하이는 1398년에 최초로 만
들어진 도시이다. 웨이하이는 명나라가 중국을 지배할 때, 왜구를 방어하
는 전초기지로서의 기능을 수행하였으며, 청나라 말기에는 군사적 근대화
의 핵심기지로 위치지워졌다. 그래서 도시의 명칭에 '위'라는 글자가 붙게 되
었다. 1898년 영국이 이 도시를 점령한 후 1930년까지 지배하였고, 국민당
정부하에서 1급 행정구로 지정되었다.

---

* 이 책은 에얼리(Airlie)가 쓴 것으로 제목이 『回望庄士敦』(2009)이다. 이 책은 원래 영어로
  2001년에 출간되었다.

** 威海市檔案局 編(2011), 『1398~1949 歲月威海』, 濟南: 山東畫報出版社.

:::영국의 조차

청일전쟁, 또는 1894년 동북아시아전쟁에서 '천자의 나라' 청을 패배시킨 일본은 1895년에 이루어진 시모노세키 조약에서, 자신이 얻으려고 하는 것이 무엇인지를 세계에 드러냈다. 일본은 이 조약을 통해 막대한 전쟁배상금과 함께 대만과 랴오둥반도를 얻고, 조선을 청의 영향권으로부터 완전히 분리시켜 후일을 도모하려고 했다. 대만은 일본의 뜻대로 할양되었으나 랴오둥반도는 여의치 않았다. 이곳을 노리고 있던 러시아는 프랑스와 독일과 함께 일본이 얻은 권리를 무산시켰다. 그것이 이름하여 3국 간섭이다. 오히려 러시아는 청을 지원한 대가로 1896년 5월 러·청밀약*을 통해 동청철도東淸鐵道 부설권을 획득하였다.

산둥 반도 남쪽 해안, 자오저우 만膠州灣에 있는 칭다오는 1897년 11월에 발생한 독일 선교사 피살사건을 구실로 독일군이 점령했다. 독일 황제는 1898년 초, 중국 정부에게 배상금을 지불하도록 요구했고, 산둥의 철도경영권과 광산채굴권을 포함해 자오저우 만과 그 주변지역을 99년 동안 조차해주도록 압력을 넣었다. 청은 이 압력에 굴복하여 3월 6일 조약에 서명하였다.

러시아의 남진을 강력히 견제하고 있던 세계의 패권국 영국은 이런 미묘한 정세의 변화를 예의 주시하고 있었다. 영국은 러시아의 남진을 막기 위하여 독일의 협력이 필요했으므로 독일의 행위를 공개적으로 비난하지 않았지만, 이런 상황의 전개에 깊은 우려를 했다. 당시 영국과 러시아는 양쯔

---

* 이 조약은 일본이 만주·조선·러시아 등을 침략할 경우에는 청과 러시아가 공동방위를 한다는 내용을 포함하고 있다. 1896년 2월에 발생한 고종의 아관파천은 이 조약의 조선관련 내용에 영향을 미친 것으로 보인다.

강을 경계로 서로의 세력권을 인정할 것을 고려했으나 협상이 이루어지지 않은 상태였다. 1897년 12월, 영국은 독일과 러시아의 동향을 견제하기 위하여 웨이하이웨이에 영국군을 주둔시킬 필요가 있다는 생각을 하기 시작했다. 러시아는 1898년 3월과 5월, 중국을 보호한다는 명분으로 랴오둥반도의 뤼순·다롄을 25년간 조차한다는 협정을 성립시켰다.

1898년의 시국전도(p.8)

청은 북쪽의 러시아, 남쪽의 영국 사이에서 큰 위협을 느꼈다. 1898년 6월 홍콩에 있던 중국의 혁명가 시에 주안타이^{Xie Zuantai}는 당시의 중국 상황을 보여주는 시국전도를 그렸는데, 이에 따르면, 러시아는 곰, 영국은 불독^犬, 프랑스는 두꺼비^蛤, 미국은 독수리^鸡, 일본은 해, 독일은 뱀^腸으로 묘사되었다.

영국은 러시아와 독일의 움직임에 대한 대비책이 필요했다. 영국은 청 정부가 북쪽의 러시아의 압력에 대한 균형을 찾기 위해 고심하고 있다는 것을 알았다. 영국은 북쪽의 뤼순과 남쪽의 칭다오 중간에 있는 웨이하이웨이를 선택했다. 이것은 그 때까지 영국이 취하고 있던 중국 영토의 통합성 유지정책을 포기하는 것을 의미하였다. 영국 해군은 1898년 4월 초에 군사적 행동을 시작했다. 1895년에 맺어진 시모노세키 조약에서 청이 배상금을 지불할 때까지 일본군이 웨이하이웨이를 점령한다는 조항 때문에 일본군이 일부 남아 있었으므로, 영국은 일본과 협상을 했고, 산둥반도에 대한 독일

1898年7月10日，英国强租威海卫与刘公岛，与俄国租借旅顺相抗衡。
On July 10th, 1898, Britain commandeered the Weihaiwei and Liugong Island leasehold to counterbalance Russia's occupation of Lushun. The picture shows the Far East British Fleet berthed at the Weihaiwei military harbor.

1898년 7월 10일, 조차당시의 영국 극동해군

의 영향력 때문에 독일과 협상을 했다. 일본군은 5월 9일 웨이하이웨이로부터 철수했고, 영국 해군은 5월 24일 이 도시의 점령을 축하하는 의식을 거행했다. 영국은 1898년 5월 28일 웨이하이웨이의 조차를 정식으로 청 조정에 요청하였다. 웨이하이웨이의 성곽 내에 청의 행정권이 미치는 것을 보장하는 조건이었다. 러시아를 견제하기 위한 청의 이이제이 정책은 영국의 제안을 받아들이도록 유도했다. 청과 영국 사이의 조차협정은 7월 1일 조인되었다.

이로써 산둥반도는 서구의 영향권에 들어갔다. 독일이 점령한 칭다오는 1899년 자유항으로 선포되었고, 지난까지 이어지는 철도도 놓였다. 영국이 점령한 웨이하이웨이에서는 조차지내의 주민들의 청에 대한 납세가 중지되었다. 1900년 청과의 협상을 통해 조차지의 경계를 정하였는데, 면적은 약 738㎢였고, 그 안에 약 12만 명이 거주했다.

랴오둥반도에 대한 러시아의 조차와 산둥반도에 대한 독일과 영국의 잇따른 조차는 중국인들의 저항을 불러 일으켰다. 영국군이 조차지 내의 주민들에게 징세를 시도하면서 주민들의 반발이 커졌다. 1899년 산둥성 순무

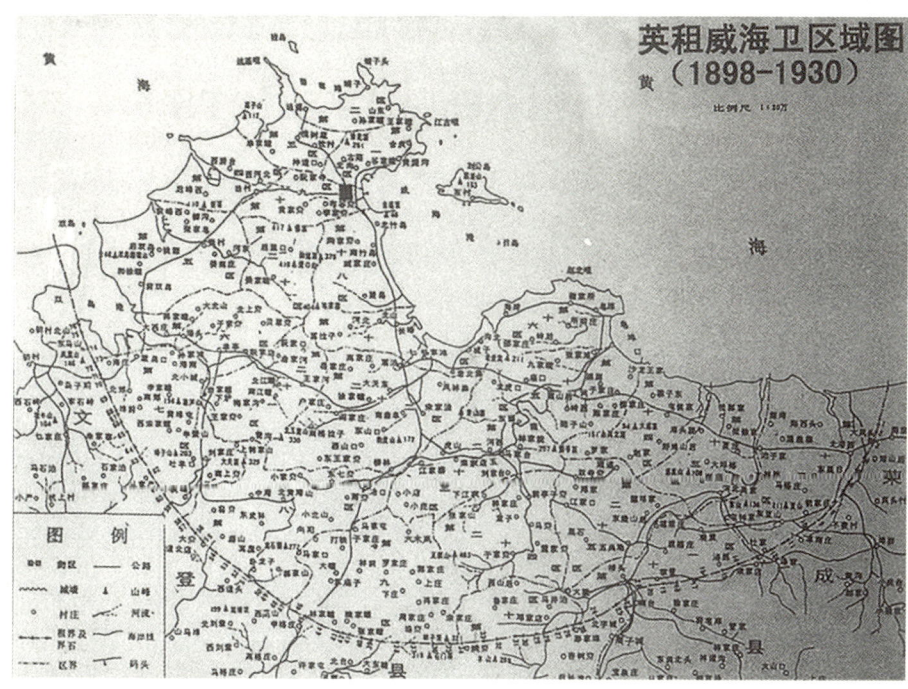

웨이하이웨이 조차구역(1898-1930) p.19

에 취임한 위안스카이가 영국 조차지의 경계를 인정하고 산둥성에 있던 의
화권이라는 집단을 탄압하면서 농민들의 반발은 서구열강에 대한 배외적
전쟁으로 번졌다. 의화단 사건이다. 그러나 1900년 5월, 이 사건은 서구열
강의 공동 군사행동으로 진압되었다.

　영국정부는 1898년 해군 지휘관을 중심으로 한 임시적인 웨이하이웨이
행정청을 수립하였고, 고위 해군 장교가 이 영토를 관할하도록 했다. 1899
년에 관할권이 런던 전쟁성이 임명한 민정 행정장관에게 주어졌다. 영토 수
비대는 200명의 영국군과 영국인 장교가 지휘하는 중국인 군대로 이루어져
있었다. 영국은 1900년 5월 말레이 고등행정장관 스웨턴햄^{Swettenham}을 보

내 웨이하이웨이의 사정을 조사하도록 하였다. 그 결과로 1901년 제정된 웨이하이웨이령The Weihaiwei Order-in-Council에 입각하여 입법, 행정 및 사법권을 가진 민정 행정장관Commissioner이 지역의 통치자로 임명되었다. 1901년에 영국은 이곳을 요새화하지 않기로 결정했고, 관할권은 영국 식민성으로 이관되었다. 1902년에 영국식민성은 조차구역을 운영하기 위해 민정 위원을 임명했고 1903년에 중국인 군대는 해산되었다.

1930년까지의 웨이하이웨이의 조차기간에 총 7명의 민정 행정장관이 재임하였는데, 이들 중에서 가장 큰 역할을 한 사람은 영국 식민성 출신의 제임스 로카르트James Lockhart였다.* 그는 젊었을 때 홍콩에서 일을 하면서 능력을 인정받았다. 영국이 1898년 홍콩과 웨이하이웨이를 조차했을 때, 그는 홍콩에 대한 지배의 틀을 짰고, 1902년 웨이하이웨이로 옮겨 왔다. 그는 웨이하이웨이의 행정청을 유공도에서 내륙으로 옮기고 에드워드항으로 명명하였다. 그는 중국문화에 조예가 깊었고, 유교적 통치원리를 웨이하이웨이 지배에 적용하려고 하였다.

로카르트는 1905년 위생담당관을 임명했으며, 웨이하이웨이를 북구와 남구로 나누어 각각의 책임자를 임명하였다. 이런 제도는 1916년 고등행정관과 하급담당관 제도로 바뀌었다. 그러나 기본적으로 웨이하이웨이의 통치제도는 기존의 중국식 행정제도와 유사한 것이었다. 그는 1921년 은퇴하고 영국으로 돌아간 뒤, 영국의 중국협회 회원이자 런던대학 동양학 프로그램에 참여하였고, 왕립 아시아협회의 간사가 되었다.

영국은 웨이하이웨이를 지배하기 위하여 1902년 중국인들을 경찰보조인력으로 사용하기 시작하였고, 1906년 근대경찰제도를 도입하였다. 최초에

---

* 그의 중국식 이름은 駱克哈特이다. 중국 당안국은 1998년 그의 수장품을 확보하였다.

는 소규모로 출발하였는데, 중국인 보조경찰대를 창설하고, 중국의 전통적인 보갑제를 활용하였다.

영국의 지배에서 나타나는 중요한 특징은 기존의 주민자치제를 적극 활용하였다는 점이다. 웨이하이웨이 인구의 90%는 농촌주민들이었다. 1902년 행정장관으로 부임한 로카르트는 각 마을의 촌장들을 불러 등록시키고 임명장을 주었다. 영국인들은 농촌의 세부적인 일에 간섭할 틈이나 힘이 없었다. 폐쇄적이고 가부장제적이며 자치적인 촌락제도는 그대로 유지되었다. 그러나 새로운 행정적 요소가 전혀 없었던 것은 아니다. 1906년 300여 개의 마을은 남북의 두 개 구로 구분되고, 그 아래에 26개 회위 구가 만들어졌으며, 그 책임자는 마을 촌장들의 선거로 인선되었다. 그에게 세금징수와 행정사항 전달의 권리와 책임이 주어졌다. 또한 웨이하이웨이의 행정장관은 상위 행정단위인 산둥성 순무와 자주 접촉을 해야 했다. 1900년 청정부의 총리아문과 베이징의 영국공사는 웨이하이웨이의 행정장관이 직접 산둥성 순무와 교섭 할 수 있도록 합의하였다.

:::전략적 가치의 부침

웨이하이웨이는 발해만과 황해를 내다보는 전략적 요충지였다. 1898년 시몬 준장이 이끄는 영국해군팀은 웨이하이웨이에 와서 해군기지 건설계획을 작성했다. 유공도에 방어사령부를 만들고, 주변에 충분한 화력을 갖춘 견고한 방어시설을 만드는 계획이었다. 또한 청과 일본군이 남긴 시설을 보수하기 시작하였다. 그러나 이 때 터진 남아프리카의 보어전쟁은 이런 계획을 실행하기 어렵게 만들었다. 영국은 이 전쟁을 겪으면서 재정난에 시달렸을 뿐 아니라 멀리 떨어진 곳에서 전쟁을 수행하는 데는 견고한 시설보다는 기동력이 있는 함대가 더 유용하다는 것을 깨달았다. 당시에 독일해군의 군비증강과 러시아 프랑스 동맹은 영국 해군에 큰 위협이 되었고, 이에 따라 영국은 군함 증강 정책으로 선회하였다.

그래서 영국은 1902년 웨이하이웨이에 대규모 방어기지를 만드는 계획을 포기하고 기존 시설을 보수하여 사용하면서, 유공도에 한해 해군 시설을 만드는 것으로 선회하였다. 1900년 3월, 의화단사건이 발생했을 때, 유공도는 8개국 연합군에 참여한 영국군의 보급기지 역할을 하였다. 흥미롭게도 영국군은 이 때 중국인 약 1,000명의 병력으로 부대를 만들었고, 이들을 중국인들의 저항을 탄압하는데 활용하였다.* 1902년 이후 웨이하이웨이는 영국해군의 여름 휴양지이자 군사훈련장으로 사용되었다. 영국 전쟁성은 중국인 부대조차 유지 비용 때문에 더 이상의 충원을 중지시켰다. 아마도 이때부터 영국인들 사이에서는 웨이하이웨이를 제2의 홍콩으로 간주하여 이를 상업항으로 발전시키려는 사고들이 생겨난 듯하다.

1905년 러일전쟁으로 일본은 러시아로부터 뤼순 항을 넘겨받았다. 영국과 일본은 1902년의 제1차 동맹에 이어 제2차 동맹을 체결하였다. 이렇게 되자 웨이하이웨이의 중국인 부대는 별 쓸모가 없게 되었다. 1906년 1월 영국은 중국인 부대를 해산하고, 이 병사들을 남아프리카의 경찰로 보냈다.

웨이하이웨이와 관련된 사진 중에는 1904년 중국인 병사들이 도열한 가운데 한 조선인 고위 인사^{minister}가 그의 아들과 함께 찍은 사진이 있는데

---

* 중국농민들의 저항을 앞장서서 탄압한 것이 영국군에 고용된 중국인 부대였다는 사실은 1894년 동학농민군을 탄압한 조선 정부군을 연상하게 한다. 이들은 일본군의 명령에 따라 움직였다.

(p.90), 이 사진 설명에 따르면, 조선인들이 일본의 압박이 증가함에 따라 피난하거나 다른 곳으로 가기 위하여 이 도시에 많이 오고 있었다. 이 사진은 주인공이 누구인지 알기는 어렵지만, 러일전쟁기에 조선인 고위인사의 동향의 한 단면을 보여주고 있다.

1904년 웨이하이웨이에 온 조선인 고관

1914년 제1차 대전이 발발하자 일본이 독일을 상대로 선전포고를 하고, 11월에 독일의 조차지였던 칭다오를 점령했다. 웨이하이웨이의 유공도에 주둔하던 영국해군은 일본군을 도와 전함 약 1,000척을 발진시켰다. 이후 웨이하이웨이의 영국군은 대부분 유럽 전선으로 파견되어 조차지에는 거의 군사들이 남지 않았다. 1918년부터 중국사회가 점차 혼란스러워지면서 웨이하이웨이의 치안이 불안해지자 다시 영국군이 조금씩 증가했는데 사실 이들 대부분은 인도출신병사들이었다.

제1차 대전은 웨이하이웨이와 칭다오가 있는 산둥지역사회에 상당한 영향을 끼쳤다. 그 영향의 하나가 유럽전선에 필요한 노동력을 여기에서 상당부분 충당했다는 사실이다. 당시 유럽전선에서 프랑스와 영국은 다수의 전상자를 내면서 노동력 및 병력 자원의 부족을 느끼게 되었고, 부족한 노동력을 중국인 노동자로 메우려고 하였다. 영국은 처음에는 홍콩에서 이들을 충원하려고 하였으나 남중국인들보다 체격이 좋은 산둥의 중국인들이 더 적합하다고 생각하여 웨이하이웨이를 그 근거지로 바꾸었다. 1차 대전 기간에 웨이하이웨이에서 출발한 54,000명의 노동자를 포함하여 영국과 프랑스 등 연합국이 중국에서 충원한 노동력이 약 15만명에 이른다. 이때 불려진 노래가 이른바 '화공출양가'이다. 이들 중 상당수가 유럽으로 가는 도중에 또는 전선에서 희생되기도 하였다. 프랑스의 노엘르 쉬 메르에는 중국인 노동자 842명이 묻혀있는 묘지가 있고, 2002년에 이들을 추모하는 집회가 열리기도 하였다. 1차대전 중 유럽은 중국의 노동력뿐 아니라 말과 소도 많이 수입하였다.

영국 지배하의 웨이하이웨이는 군사적인 측면뿐 아니라 경제적인 측면, 문화적인 측면에서도 상당한 변화를 겪었다. 각종 무역회사나 기업, 호텔들이 들어서고, 금광 채굴도 성행했으며, 서양식 종교와 교육이 보급되었다. 또한 유공도에는 영국이나 미국, 일본뿐 아니라 조선에서도 상인들이 몰려들었다. 각종 가내 수공업이나 소규모의 공장들도 발전하였다. 상업 조직도 발전하였다.

웨이하이웨이에서 서구적인 문화가 중국사회로 스며드는 것은 어쩌면 당연한 현상이다. 영국 해군을 중심으로 하여 이들의 국경일이나 크리스마스와 같은 종교축제와 행진, 또는 식민지 지배와 관련한 기념과 희생자들에 대한 추도 문화가 중국인들의 생활을 변화시켰다. 신문이나 잡지등도 새로운 문화를 전파하는 유력한 통로였고, 특히 학교는 근대적인 서구 문화의 새로운 발신지였다. 선교사들이 세운 학교는 이 도시뿐 아니라 동아시아 전체에 걸쳐 매우 큰 영향력을 가졌으며, 이들이 중국의 양무운동에 미친 영향력은 상당하다. 여기에는 각종 근대 의학교와 공중위생관념의 확산도 포함된다.

웨이하이웨이는 산둥지역에서 서양식 스포츠를 전파하는 근거지가 되었다. 축구나 골프, 크리켓, 요트, 마라톤 등 거의 모든 서구식 스포츠들이 이 도시에서 행해졌으며, 학교스포츠를 통해 확산되었다.

가톨릭이나 개신교의 운명은 흥미롭다. 선교사들은 매우 열심히 활동했다. 유공도의 성 제임스성당이 대표적이다. 그러나 의외로 그 성과는 크지 않았다. 중국인들은 서구 교회의 자선사업에는 큰 반응을 보였으나 종교성은 상대적으로 수용하기를 거부했다. 많은 사람들이 이의 원인을 산둥지역에 뿌리 깊이 내려온 유교적 전통, 또는 불교나 도교적 전통으로 돌린다.

영국의 웨이하이웨이 점령기에 특기할만한 것은 영국의 중국 경영의 핵심 도시인 홍콩의 경찰인력을 웨이하이웨이 출신이 중국인으로 메웠다는 사실이다. 영국 식민청은 홍콩의 경찰인력을 주로 유럽인들과 인도인으로 메워왔는데, 1차대전 종전이후 폭력과 소요가 빈발하자 이를 진압할 경찰인력을 증강하지 않을 수 없었다. 그러나 영국인들은 인도인들과 광둥 중국인들을 능력과 충성심 두 측면에서 신뢰하지 않았다. 이에 따라 홍콩 식민청은 1922년부터 산둥, 특히 웨이하이웨이에서 경찰인력을 모집하였고, 이를 '웨이하이웨이 경찰'이라고 불렀다. 이들은 신체조건과 규율문화의 수용이라는 측면에서 우수했다. 이를 계기로 이 도시의 중국인들이 다수 홍콩으로 이주하여 영국의 홍콩지배에 하위 협조자로 기여하였다. 영국인들은 홍콩의 중국인 통치에 웨이하이웨이의 중국인들을 활용한 셈이다.

:::중국으로의 복귀

웨이하이웨이의 역사에서 1930년은 특기할만한 해이다. 이 도시가 영국에 조차된 후 북중국으로 가는 길은 활짝 열렸다. 청은 그것을 다시 닫으려고 했으나 힘이 미치지 못했다. 영국의 입장에서 볼 때 웨이하이웨이는 1898년 정세에서는 매우 중요한 전략적 요충이었다. 북중국을 둘러싼 서구 열강의 경쟁에서 이 도시는 북쪽의 러시아와 남쪽의 독일을 견제하는 영국의 전초 도시였다.

1904년의 러일전쟁은 이 도시의 전략적 가치를 감소시켰다. 영국의 작은 동맹국 일본이 러시아를 구축하면서 다롄을 차지하자 웨이하이웨이는 군사적 요충에서 상업적 항구로 의미가 퇴색되었고, 제1차 세계대전에서 칭다오마저 독일의 영향권에서 벗어나게 되자 이 도시는 휴양도시나 마찬가지가 되었다. 그러나 영국은 이 도시의 조차권은 포기하지 않았다.

제1차 대전이 끝난 후 중국은 웨이하이웨이를 되찾기 위하여 파리강화회의에 참석하였다. 당시 웨이하이웨이의 행정관 존스톤은 유공도를 해군 공급기지로 남겨두고 웨이하이웨이는 중국에 돌려주는 것이 좋다고 생각했다. 그러나 예상보다 훨씬 커진 일본의 영향력이 새로운 변수였다. 영국 정부는 웨이하이웨이의 반환안을 철회했다. 파리강화회의의 실패는 중국 청년들에게 5·4운동을 자극하였다.

1921년말부터 1922년 초까지 워싱턴에서 열린 회의에서 중국대표는 조차지에 관한 모든 조약의 철폐를 요구하였다. 영국대표는 다른 서구 국가들이 중국의 조차지를 반환한다면, 영국도 그렇게 하겠다는 입장을 발표하였다. 일본은 1922년 워싱턴 회의의 결과에 따라 칭다오를 중국에 반환하였다.

이어 열린 태평양회의에서 영국과 중국은 협상을 계속하였다. 영국은 기득권을 가급적 유지하면서 조차권을 반납하는 대신 유공도의 조차권은 유지하려고 하였다. 산둥지역 내외에서 이런 협상에 대한 불만이 제기되었다. 중국의 초기 사회주의자들도 격렬하게 이를 비판했다. 중국 북양정부는 협상조건을 바꾸지 않을 수 없었다. 1927년 국공내전은 중국 정부를 압박했다. 1928년 6월, 국민당의 난징[南京]정부가 성립하면서 중국 정부는 권위를 회복하고 협상력을 높였다.[*]

1929년 칭다오는 난징 국민정부의 통제하에 들어갔고, 칭다오는 1930년 무렵에는 교역량에서 경쟁 항구인 톈진^{天津}을 압도했다. 1927년 국공내전인 우한^{武漢}사건이 발생했을 때, 유공도는 한코우^{漢口}로 가는 영국군 2함대의 발진기지였다.

웨이하이의 마지막 영국 행정장관은 레지날드 존스턴^{R. Johnston}이었다.[**] 그는 웨이하이웨의의 영국 식민사뿐 아니라 중국 외교사에서도 중요한 인물이었다. 그는 1898년 영국의 해외 식민지 업무에 관여한 이래 홍콩 식민청에서 일을 하였고, 1904년부터 로카르트의 추천으로 웨이하이웨이에서 실무행정책임자를 거쳐 고등 행정관이 되었다. 로카르트나 존스톤 모두 중국의 유교문화에 조예가 깊었고, 중국인들과 친밀한 관계를 유지하였다. 특히 존스톤은 1911년 신해 혁명으로 쫓겨난 마지막 황제 부의와 친밀한 관계를 유지하였다. 1918년부터 그는 부의에게 영어와 기타 서구적 근대학문을 가르치는 선생 역할을 했다. 존스턴은 1927년 웨이하이웨이의 행정장관이 되어 이 도시를 중국에 반환하는 일을 책임졌다.

1930년 마침내 협상이 타결되었다. 그것은 유공도의 조차권 10년 연장안을 중국이 수용하면서 웨이하이웨이에서 철수하는 것이었다. 1930년 10

---

[*] 동아일보 1929년 6월 23일이나 1931년 1월 3일자에 이 협상에 관한 기사가 실렸다.

[**] 그의 중국식 이름은 庄士敦이다.

1931년 세워진 중국반환기념비

월 1일, 존스톤은 영국으로 돌아갔다. 그는 32년간의 중국 생활을 끝냈다. 그로부터 1년 후 웨이하이웨이 시정부는 중국반환기념비를 고래정원에 세웠다. 그 기념비는 32년간의 조차기간을 상징하는 32m 높이였다.

웨이하이웨이는 1930년 10월 1일 중화민국에 반환되었지만, 유공도는 중국에 반환되지 않고 그대로 영국령으로 남았다. 중일전쟁이 발발한 지약 6개월이 지난 1938년 3월 7일, 일본군은 웨이하이웨이를 점령했다. 그들은 유공도의 중국 해군시설을 접수했고, 영국 해군은 대부분 철수했다. 1940년 11월 4일, 영국 해군은 유공도를 포기했다. 영국 해군의 점령은 42년으로 끝났다.

1944년 8월 31일 문등성文登城에 팔로군이 들어왔고, 1945년 8월 16일 웨이하이웨이는 다시 중국 국민당의 관할 영토로 돌아왔다. 유공도에 남아있던 일본군은 8월 23일 칭다오로 물러갔다. 10월 14일에는 미군 7함대의 지휘관이 웨이하이웨이 시정부인사들과 회담하였다. 중국의 내전이 격화되면서 1947년 10월 국민당군은 공세를 취하여 유공도와 북부 촌락을 점령했지만, 1948년 3월, 국민당군 주력부대가 웨이하이웨이에서 후퇴하였고, 홀로 유공도를 지키고 있던 해군 또한 12월에 칭다오로 후퇴하였다. 1949년 초 웨이하이웨이는 중국식 표현대로 말하면 전체가 해방되었다. 중화인민공화국이 세워진 후에 웨이하이웨이는 웨이하이로 이름이 바뀌었다.

참고문헌

張建國 張軍勇(Alec Hill and 馬向紅 譯), *Weihaiwei under British Rule*, Shandong *Pictorial Publishing House*, 2006.

S. Airlie(艾尔利)(馬向紅 譯), 『回望庄士敦』, 濟南: 山東畵報出版社, 2009.

威海市檔案局 編, 『1398~1949 歲月威海』, 濟南: 山東畵報出版社, 2011.

천나이량(陈乃良)

근대 이후 산둥 음악 문화의
역사적 특색

:::기독교와 초기 산둥서양음악의 전파

근대 중국에서 기독교 문화는 주로 선교사를 통해서 수용되었는데, 찬송가와 교회학교의 음악교육 위주로 이루어졌다. 중국에서 서양음악의 수용은 곧 이러한 기독교 음악을 통해서 시작되었으며, 이는 이후 서양음악의 수용과 발전에 중요한 영향을 미쳤다. 개신교는 천주교에 비해 200여 년 늦은 19세기 초반에서야 중국에 들어왔다. 청나라 정부는 쇄국정책으로 일체의 해상왕래를 금지하고 엄격하게 기독교 금교정책을 취했기에, 중국의 연해지역에 잠시 머무르거나, 중국인이 거주한 동남아 일대에서 해당지역의 중국 화교들을 대상으로 선교할 수밖에 없었다. 산둥지역에서의 교회교육은 1860년대에 시작되어 1950년대까지 90여 년간 지속되었는데, 이는 중국내 기독교 교육에서 중요한 역할을 했다. 또한, 교회교육은 산둥의 근대교육 발전에 중요한 영향을 끼쳤는데, 과거제도를 대표로 하는 봉건교육제도의 와해를 촉진시키고 두 번째 시기의 신문화운동에 견실한 기초를 닦았을 뿐만 아니라, 초기 서양음악의 도입과 전파에 또한 중요한 영향을 끼쳤다.

::초기 교회학교 교육의 전개

1861년, 미국 북장로회 선교사 네비우스^{John Livingstone Nevius}는 부인과 함께 등주^{登州, 지금의 펑라이蓬萊}에 도착하여, 이듬해 자신이 거주하던 관음당 안에 몇몇 빈곤가구의 여자 아이들을 모아 기숙여학교를 창설했다. 이는 산둥의 첫 번째 교회학교이자, 근대 산둥의 첫 번째 여학교였다. 1863년, 미국 남침례교 선교사 크로포드^{T. P. Crawford}는 등주에 교회 신도를 위해 소학을 건립했는네, 이것이 산둥 최초의 교회남학교였다. 1864년 장로회 선교사 마티어^{C. W. Mateer}와 그 부인은 등주에서 6명의 가난한 집 자제를 모집하여 몽양학당^{蒙養學堂}을 설립하였는데, 이것이 바로 저명한 등주문회관^{登州文會館, 중국 최초의 교회대학}의 전신이다. 1866년, 미국북장로회 선교사 코벳^{H. Corbett}은 옌타이^{烟台} 육황산^{毓璜山} 정상 아래 토지를 구매하고 3명의 남자아이들을 모집하여 기숙소학교를 설립하였는데, 이것이 옌타이 지역 학교설립의 시초였다. 1872년, 미국 북장로회 선교사 맥클레인^{J. S. Mcilaine}은 지난^{濟南}에 무료의숙^{義塾: 공익을 위해 의연금을 모아 설립한 교육기관}을 열었는데, 이는 기독교가 지난에 창립한 첫 번째 학교였다. 1877년 통계에 따르면, 기독교 선교사가 산둥에 설립한 학교는 20개교로, 학생은 모두 296명이었다. 1877년, 마티어는 등주몽양학당의 이름을 문회관으로 바꾸고, 소학교에서 중고등교육을 갖춘 학원으로 발전시켰는데, 이는 산둥교회학교가 새로운 단계에 들어선 지표가 되었다.

1880년대, 기독교 각 교파들이 잇달아 중국에 와서 기독교 학교를 설립함에 따라 산둥의 교회학교들은 빠르게 발전하였는데, 그 중 미국 북장로회의 발전이 가장 두드러졌다. 코벳은 옌타이 육황산에 설립했던 남학교의 이름을 문선서원^{文選書院}으로 바꾸었고, 1887년, 사범학교 성격의 여학교인 회영서원^{會英書院}을 건립하였다. 1894년 두 학교는 합병하여 회문서원^{會文書院}이 되었고 그 영문이름을 코벳중학교로 하였다. 1884년, 선교사 마티어는 유현^{濰縣: 지금의 웨이팡濰坊}에 낙도원^{樂道院}을 설립하였는데, 이는 선교와 교육을 겸한 종합기구였다. 원내에 교당과 문화서원^{文華書院, 남학교}을 설립하고, 나중에 또한 여자중학교를 추가 설립했다. 이후 미국 북장로회는 지난에 설립한 학교를 제미중학^{濟美中學, 남학교}과 한미중학^{翰美中學, 여학교}으로 이름을 바꾸었다. 이외에도, 미국 북장로회는 두 개의 특수학교를 창립했다. 하나는 1887년 선교사 밀스^{C. R. Mills}가 부인과 함께 등주에 창립한 계암학관^{啓喑學館}으로, 근대 중국 최초의 농아학교였다. 다른 하나는 선교사 콘웰^{G. Cornwell}이 1897년 옌타이에 창립한 영문관^{英文館}으로, 산둥 최초의 영어전문학교였다.

이 시기, 영국 침례회 또한 중등교육 학교를 설립하기 시작했는데, 그 중 가장 유명한 것이 고치-로빈슨서원^{郭羅培眞書院}, 광덕서원^{廣德書院}, 숭덕여학^{崇德女學}이다. 고치-로빈슨서원의 전신은 영국침례회 선교사 화이트라이트^{J. S. Whitewright}가 1881년 청주^{青州}에 창립한 성도학당^{聖道學堂}으로, 처음부터 신도를 모집하고 포교인원을 길러냈다. 1887년 초등 교회학교의 교사를 양성하기 위해 사범학당을 증설하였고, 1893년 새로운 학교건물이 준공되면서 정식으로 고치-로빈슨서원으로 명명하였다. 광덕서원은 기독교 신도의 자녀를 위해 개설한 초등교회학교가 발전한 것이었다. 1884년, 선교사 쿨링^{S. Couling}은 청주^{青州}에 토지를 매입하여 학교를 설립하고 1886년 광덕서원이라 이름붙였다. 1892년 여자기숙학교를 설립하고, 1897년 전문대학을 증설했다. 숭덕여학은 여선교사를 전문적으로 양성하기 위해 1897년 청주

靑州에 설립되었는데, 초창기 이름은 숭덕서원이었다.

미국 공리회(公理会, Congregational Church, '회중교회'라고도 한다)는 이재민 구제를 통해 덕주德州 은현恩縣에서 영향력을 확대했다. 1882년 사가당史家堂에 첫 번째 교회소학을 건립했고, 나중에 방장龐莊으로 이전하여 중학교로 발전했다. 1893년, 여선교사 포터M. H. Porter는 여자기숙학교를 창립하고 배전각培眞閣이라 이름붙였다. 나중에, 이 두 학교는 덕주로 이전하여 각각 박문중학博文中學, 위씨여중衛氏女中이 되었다. 영국성공회와 미국 미이미회美以美會, The Methodist Episcopal Church의 활동구역은 주로 태안泰安이었다. 1888년, 성공회는 육영학교育英學校와 육영여학育英女學을 설립했다. 미이미회기 대안에 설립한 교회소학은 나중에 췌영중학萃英中學으로 발전했다. 1898년까지, 산둥의 15개 기독교 교파는 남학교 245개(학생수 3,153명), 여학교 48개(학생수 769명), 총 293개 학교(학생수 3,922명)를 설립했다.*

독일이 칭다오靑島를 점령한 이후, 독일의 베를린회柏林会와 동선회同善会는 칭다오에 학교를 설립했다. 1899년, 베를린회는 칭다오에 첫 번째 교회학교를 설립했고, 1904년 덕화서원德華書院과 애도여교爱道女校를 설립했다. 1910년 통계에 따르면, 베를린회는 칭다오, 교주胶州, 즉묵即墨에 14개 학교(학생수 309명)를 설립했다. 1901년 동선회 선교사 빌헬름R. Wilhelm은 교오胶澳('칭다오'의 옛 이름) 지역에 첫 번째 교회중학교를 세우고 그 이름을 예현서원禮賢書院이라 하였다. 이 서원은 사회가 긴급히 필요로 하는 중등기술인재 양성을 목표로 하여, 1919년 예현갑종상업학교禮賢甲種商業學校로 이름을 바꾸었다. 예현서원은 1905년 여학교를 부설하여 그 이름을 미희학교美懿學校라 하

---

* '기독교회와 산둥근대교육'(基督教會與山東近代教育) http://www.infobase.gov.cn/history/lateqing/200708/article_10947.html [검색일자: 2014년 4월 15일]

였고, 1910년 숙범여교^{淑范女校}를 새로 설립하였다. 이 이전에, 미국 북장로회 또한 이 지역에서 학교설립활동을 했었는데, 1911년 명덕중학^{明德中學}을 설립하여 주로 중국인 신도의 자녀를 모집하였다. 1913년 통계에 따르면, 미국 북장로회는 칭다오와 그 주변지역에 72개 학교(학생수 1,060명)를 설립했다. 1900년대 초반 20년간은 중국 교회교육 발전의 황금시대였다. 1920년까지, 산둥성 전체에 기독교교회 초급소학은 942개로, 학생수는 17,083명에 달했는데, 이는 복건^{福建}, 광동^{廣東} 두 성에 이어 세번째에 해당하는 것이었다. 교회고급소학 142개(학생수 2,782명)는 복건, 광동, 직예^{直隸}, 강소^{江蘇}에 이어 다섯 번째 규모였다. 교회중학은 40개로 그 학생수는 1,489명이었다.*

::대표적인 교회학교의 음악교육

미국 북장로회 선교사 마티어^{C. W. Mateer, 1836~1908}와 부인 율리아^{Julia Brown, 1837~1898}는 1864년 중국 산둥성 등주에 '몽양학당'을 설립하였고, 1878년 정식으로 '등주문회관^{Tengchou College}'으로 이름을 바꿔 음악과정을 개설하고 학생들에게 가창, 시창(視唱: 악보를 보고 노래부르기), 가곡 창작 등을 가르쳤다.** 1872년, 영국 성공회 여전도사 마티어^{J. B. Mateer}는 『성가집: 음악법계몽을 붙여^{聖詩譜-附樂法啓蒙}』를 편집·간행했는데, 자신에게 편리한 '오선지부호'로 악보를 표기하고 이를 선교에 활용하고자 했다. 성가집은 찬송가 외에 서양음악의 기본이론지식을 담은 「음악법계몽」을 첨부하였는데, 이

---

* 中國社會科學院世界宗教研究所 編譯, 『中華歸主』, 中國社會科學出版社, 1987, pp. 423~425.

** C. W. Mateer., 『登郡文會館典章』, 上海美華書館, 1891; 王元德·劉玉峰, 『文會館志』, 濰縣廣文學校印刷所, 1913; 孫繼南, 『中國近現代音樂教育史紀年(1840~1989)』, 山東出版社, 2000, pp. 6~7.

는 J. B. 마티어와 C. W. 마티어가 산둥 등주문회관에서 가르치는 '음악법계몽'과정의 교과서였다.* '등주문회관'과 영국침례교가 청주에서 건립한 광덕서원^{Tsingchow Boy's Boarding School}은 합병하여 '광문학당^{Shantung Protestant University}'이 되었고 문과 대학은 매주 4개의 음악교양과목을 개설하였는데, 이것이 제로대학^{齊魯大學}의 전신이다.**

마티어(J.B. Mateer), 〈성가집-음악법계몽을 붙여〉 중의 "오선지부호"

1919년 가을, 옌타이 육황유아사범학교가 창립되어, 피아노와 가창을 중점적으로 교육하였다. 이 학교는 미국기독교 여선교사 임스^{Susan F. Eames}가 미국 콜롬비아대학 사범학과를 졸업할 당시 옌타이에 설립되었는데, 그녀는 오전에는 부속유아원에서 실습하고, 오후에는 피아노, 가창 등의 교과에 관여하였다. 그리고 1921년 '진광여자중학^{真光女子中學}'으로 합병되었다.***

1920년, 옌타이 기독교 장로회 신도들의 기부로 옌타이 사립 진광여자중

---

* 陶亞兵, 『明淸間的中西音樂交流』, 東方出版社, 上海, 2001, p.142.

** 王元德·劉玉峰, 『文會館志』, 濰縣廣文學校印刷所, 1913; 孫繼南, 『中國近現代音樂教育史紀年(1840~1989)』, 山東出版社, 2000, p.20.

*** 曲拯民, 『烟台教育發展史話(1865~1945)』, 1988, p.87.

학이 설립되어, 그 자녀들에게 기독교 신도교육을 하였다. 창립인은 지성임
志至任교장으로, 이 학교는 영어와 피아노로 유명했다. 피아노 선택과목을
개설하여 임스Susan F. Eames와 육황정 병원의 딜레이드Grace Dilleyd에게 맡겼는
데, 학비가 매년 20위안, 피아노 과목 20위안, 오르간 과목 10위안이었다.
졸업생 대다수는 제로대학과 옌칭대학을 목표로 하였고, 여기에서 길러진
음악인재들은 성대한 연회에 큰 영향을 미쳤다. 1941년 미국 국적의 교사
가 일본군에 의해 본국으로 송환되었고, 1943년 업무가 정지되었다.*

　　1866년, 미국 북장로회 전도사 코벳H. Corbett은 옌타이 육황산 정상 아래
토지를 구매하고 3명의 남자아이를 모집하여 기숙소학을 세웠는데, 이것이
옌타이 학교설립의 시작이었다. 그는 옌타이 기독교회가 산둥지방에 설립
한 최초의 유아원인 육황정 유아원을 설립하였고, 피아노 듣기, 리듬 동작
등의 유아 교육과정이 있었다. 1912년 정식으로 학교건물을 건축하여 규
모를 점차 확대했으며, 1919년 옌타이 육황정 유아사범학교학생의 교육실
습 장소가 되었다.

　　1873년 개신교가 칭다오에 들어온 것을 시작으로,** 1897년에는 천주교
가,*** 1898년에는 대표적인 교파들이 칭다오에 전파되었다(1898년 독일과 청
국 간의 불평등조약을 체결했기 때문에 개신교 각 교회, 장로회, 신의회, 침신회 등
교회들이 전후하여 들어왔다). 1897년 독일은 「교오조계조례膠澳租界條例」를 통
해 칭다오에 식민통치를 실시하기 시작했고 교민생활을 위한 조계시설들을
건설했다. 불평등 조약의 확대에 따라 미국, 영국, 프랑스, 러시아 또한 잇달

---

　*　曲拯民, "眞光女子中學",『烟台教育發展史話(1865~1945)』, pp. 103~105.

　**　1873년 미국북장로회(American Presbyterian Missions, North)가 먼저 칭다오에 들어와서
　　　개신교 선교의 장을 열어 주었다.

　***　1897년 천주교 선교사들이 '조주교안(曹州教案)'을 이유로 칭다오에 들어올 수 있게 되었다.

아 들어왔고 칭다오는 중국에서 '독일 색채'가 가장 짙은 식민지 도시가 되었다. 칭다오의 서양음악 수용 역시 종교적 경로와 교민의 음악생활 방법으로 시작되었다. 주로 예배의 찬미사, 악보, 간단한 음악이론지식을 통해 시작되었고 교회가 가져온 각종 반주악기를 통하기도 했다. 교회의 독실한 신도들과 교회학교의 학생들은 칭다오 중국인들의 서양음악 학습의 개척자가 되었다.

1898년 칭다오에 독일인 자녀를 위한 최초의 초등학교(후에 '총독부학교'가 됨)가 설립되었고 그 후 덕화서원德華書院, 독일어학교, 예현서원禮賢書院, 숙범여교淑範女校, 프란시스코 여학교Francisco Woman's School 등 5개의 학교가 생겨났다. 1909년 칭다오 고등전문학당德華大學 및 많은 실업학교와 26개의 유치원이 생겼다. 이러한 학교들은 모두 음악교육과정을 개설하였는데 최초로 음악수업을 개설한 학교는 독일어린이학교(Deutsch Junge Schulen, 1898년 설립)였다. 이 학교는 1902년 이후 교오총독부의 감독 하에 외국어와 종교를 주요 과목으로 하였는데 음악 역시 주요 과목에 포함되었다. 다른 한 곳은 바로 프란시스코 여학교였다. 1902년 독일천주교 프란시스코 수도원Francisco convent이 설립되어 주로 극동지역의 유럽 여학생을 모집했다. 초기에는 주로 상류사회의 서양 여학생을 모집하였으나 후에 중국 상류층의 여학생들도 모집하기 시작했다. 수업 과목은 종교와 외국어를 위주로 하였으며 음악수업도 있었다. 또한 이 학교에는 성가대가 있어서 종교음악 활동을 거행했다.

중국에 와있던 개신교의 교회 학교에 개설된 음악 수업 과정은 비교적 단순하고 쉬운 과정에서 점차 체계적으로 발전하였다. 초기에는 전문적인 음악 교사의 부재, 경험 부재, 언어문제, 문화 차이 등으로 인해 주로 성경과

프란시스코 여학교(Francisco Woman's School)

노래(찬송가 연주 및 찬송가의 생활화) 위주였지만, 선교의 강렬한 사명을 띤 미국 청교도 선교사들이 대량으로 중국에 들어오면서 교회 음악 교육과정 역시 좀더 완벽하고 체계적인 형태로 변모해 갔고, 교육의 내용과 질 또한 풍부해지기 시작했다. 처음에는 간단한 찬송가 위주였지만, 점차 악보를 보고 노래하는 시창視唱, 피아노 반주, 군악대 연주 등으로 확대되었으며, 교회학교의 음악 교육은 중국의 서양음악 수용에 다양화(성악 및 각종 기악류 등)를 불러왔다. 비록 서양의 종교를 선교하기 위한 과정이었다고는 하지만, 중국에서의 서양음악 발전을 가져왔으며, 특히 뒷날 서양음악의 세분화 과정에 또한 커다란 영향을 미쳤다.

:::기몽^{沂蒙} 홍색가요^{紅歌, 공산당 혁명가요}와 홍색문화^{紅色文化, 공산당 혁명문화}

::홍색문화^{紅色文化, 공산당 혁명 문화}

붉은색은 중국인의 심리에서 중요한 위치를 차지한다. 중국인의 붉은 색 숭배와 애호는 상고시대의 염제^{炎帝}와 황제^{黃帝}까지 거슬러올라간다. 이후, 중국인의 붉은색에 대한 감정은 더욱 깊어져 상서러움과 액막이^{避邪}의 함의까지 추가되었고, 특히 봉건제도의 발전과 더불어 제왕권세와 위엄의 상징이 되었다. 오늘날까지도, 중국인은 여전히 붉은색을 좋아하고 숭배하는데, 붉은색은 수많은 좋은 함의와 복잡한 감정이 부여된 색깔이 되었다. 그러나, 홍색넬보^{紅色情節}가 중국에 전면적으로 보급된 것은, 중국공산당 영도하에 이루어진 중국혁명운동과 밀접한 관계가 있다. 홍색문화는 중국인민이 오랜기간 행한 혁명적 실천의 과정에서, 중국 국내외의 우수한 문화 사상을 끊임없이 선택하고, 융화하며, 재조직하고, 재통합한 기초 위에 형성된 특정한 문화정신과 문화태도이다. 이는 근대에 시작되어, '5·4운동'이후 형성되었으며, 신민주주의혁명과 사회주의 건설시기에 성숙 발전하였다. 신민주주의문화는 홍색문화의 주류이며, 사회주의 초급단계의 선진문화는 홍색문화가 전승되고 풍부하게 발전된 것이다.

홍색문화에 대해, 우리는 다음과 같이 이해할 수 있다. 홍색문화는 광대한 인민군중이 중국공산당 영도하에서, 중화민족의 해방과 자유를 실현시키는 역사적 과정과 신중국사회주의 3대개조시기에, 동서고금의 선진문화를 통합, 재조직, 흡수, 최적화한 기초 위에서, 마르크스레닌주의의 과학이론의 지도에 따라 생성한 혁명문화이다. 홍색문화는 광의와 협의로 이해할수 있는데, 광의의 홍색문화는 세계사회주의운동의 역사에서 인민들의 물질과 정신역량이 도달하는 정도, 방식, 성과를 의미하며, 협의의 홍색문화는 중국공산당 영도 하의 중국인민이 민족의 해방과 자유를 실현하고 사회주의 현대중국을 건설하는 역사적 실천과정에서 응결되어 만들어진 관념과 의식의 형식이다.

문화의 경계측면에서 볼 때, 광의의 홍색문화는 세계사회주의와 공산주의운동 전체 역사 중에 형성 발전된 인류 문명 진보의 총화를 가리킨다. 협의의 홍색문화는 중국공산당이 인민을 영도하여 진행한 혁명과 건설과정 중에 형성 발전된 것으로, 사회주의와 공산주의의 지향으로 마르크스레닌주의와 중국의 현실을 상호 결합하여, 동서고금의 우수문화성과를 받아들여 보존하고 형성한 문명의 총화이다. 문화의 형태와 형식 상으로 볼 때, 중국 홍색문화는 다시 광의와 협의 두 가지로 나눌 수 있다. 광의의 중국홍색문화는 물질문명, 정신문명, 정치문명, 사회문명, 생태문명 등 각종 문명형태를 포함한다. 협의의 경우는 특히 문화형태로 표현되어 나온 것을 지칭하며, 사회주의, 공산주의의 방향과 목표를 체현하는 문명형태이다. 홍색문화의 가장 근본적인 특징은 '홍색'으로, 혁명성과 선진성, 과학성과 실천성, 본토화와 창조성, 수용·보존과 시대와 함께 전진하는 등의 이원·통일적 특징을 갖는다.[*]

홍색문화는 일종의 중요한 자원으로서, 물질과 비물질문화 두 측면을 포함한다. 그 중에, 물질자원은 유물, 유적 등 혁명역사유물과 기념장소로 표현된다. 비물질자원은 정강산井岡山 정신, 대장정長征 정신, 연안延安 정신 등 홍색혁명정신으로 표현된다. 홍색자원은 홍색혁명의 길, 홍색혁명문화, 홍색혁명정신을 주로 하는 물질태, 사건, 인물, 정신 일체의 내용체계이다. '홍

---

[*] 王二路, "漫談紅色文化", 《中紅網−中國紅紅旅游网》(http://www.crt.com.cn/), 2012-01-11[검색일자: 2013년 10월 3일].

색문화'를 혁명시기의 '사람, 사물, 사건, 영혼^{人, 物, 事, 魂}'으로 개괄해보자.

'사람'은 혁명시기 혁명에 일정한 영향을 끼쳤던 혁명지사와 혁명사업을 위해 희생한 혁명열사를 이른다. '사물'은 혁명지사 또는 열사가 사용한 물건으로, 그들이 생활하거나 전투를 겪었던 혁명의 옛 유적지이다. '사건'은 중대한 영향을 갖는 혁명활동 또는 역사적 사건이다. '영혼'은 혁명정신, 즉 홍색정신으로 체현된다. 이러한 주제를 반영하거나 관련된 모든 문학예술창작작품은 오늘날 중국 홍색문화의 범주 안에 속한다.

::홍색문화의 흥기^{興起}

개혁개방 이래 30년간 사람들의 물질생활은 크게 개선되어 풍요로운 물질생활을 영유하게 되었지만, 사람들의 깊숙이 '황막함' 또한 나타났다. 이는 주로 빠른 사회경제적 발전과정에서 중국인 전통의 가치관념과 도덕이념이 괴리되는 것으로 표현되는데, 사회의 공중도덕에 위배되고 가치가 상실되는 현상이 출현하기 시작했다. 중국인들은 혁명전쟁시기 인간관계의 진실함과 소박함을 그리워하기 시작했고, 아래로부터 위로의 혁명정신에서 적극적인 생활태도를 찾고자 하며, 그 당시 숭고한 혁명이상과 투지, 풍부한 희생정신을 갖춘 혁명지사로부터 생명의 의의와 일의 열정, 쾌락의 진수, 인간관계의 진실함을 다시 찾고자 했다. 특히, 인민의 정감과 열정을 매우 빠르게 불러일으킬 수 있는 혁명가곡은, 다시금 대중의 사랑을 받아 널리 불려지고 있으며, 홍색가곡을 대표로 하는 홍색문화는 중국인의 마음 속에 아름다운 기억을 깨우는 동시에, 아름다운 사회도덕을 향한 인민정신의 갈망과 그 속마음을 만족시키고 있다.

중국 산둥성 경내의 기몽^{沂蒙}지역은 중국 항일전쟁과 해방전쟁 시기의 저

명한 혁명 근거지로서, 정강산, 연안 등의 혁명성지와 더불어 유명한 지역
이다. 또한 중국 근현대사에서 중요한 의의를 갖는 "양전성지"^{兩戰聖地}로서,
"홍색기몽"으로 현재에 이르기까지 칭송되는 지역이기도 하다. 1938년 봄,
중국공산당 소·노·예·환(蘇魯豫皖, 장쑤, 산둥, 하남, 안휘성 지역) 변경지
역 성위원회는 산둥성에 기몽산 지역을 중심으로 항일근거지를 창건하기로
확정하였으며, 1949년 10월 중국에 사회주의 정권이 성립할 때까지 기몽
산 지구는 11여 년의 시간동안 그 역할을 다하였다. 항일전쟁 초기, 중국
공산당은 특히 산둥 기몽산지구의 특수한 전략적 지위를 중시하여 "산둥파
병"을 제출하였다. 중국공산당은 중앙홍군을 중심으로 군대체계를 개편하
여 115 사단을 창설하였는데, 그 중 일부를 기몽산으로 전개하고, 대량의
군·정 간부를 파견하여 산둥지역 항일군민과 함께 공동으로 기몽산 항일
근거지를 개척했다. 공산당 영도하에 설립된 19개 항일근거지 중에서, 오직
기몽산을 중심으로 한 산둥 항일근거지만이 완전히 독립적으로 원래 산둥
의 행정구역 내에 유지될 수 있었으며, 전략적 지위 또한 가장 중요했다. 국
민당 정부 또한 기몽산을 매우 중시하여, 두 개의 적후방 작전지역 중 소노
전구^{蘇魯戰區}를 기몽산에 설립하였다. 1939년 여름부터 1943년 말까지, 일
본군은 기몽산 구역에 대한 대대적인 진공작전을 진행했는데, 천명 이상이
참여한 소탕작전이 백여 차례, 만명 이상이 참여한 작전이 29차례였다.

　기몽지역은 지형이 복잡하고 주로 산지, 구릉, 평원으로 이루어져있는데,
특히 전쟁시기 이곳에서 발생한 몇 차례 중요전역이 모두 이 지역의 몇몇 유
명한 산과 중요한 관계가 있기에, 이 곳을 "기몽산구"^{沂蒙山區}라고 칭하는 것
이다. 광의의 기몽산구는 산둥성 임기^{臨沂}시, 일조^{日照}시, 강소성 연운항^{連云}

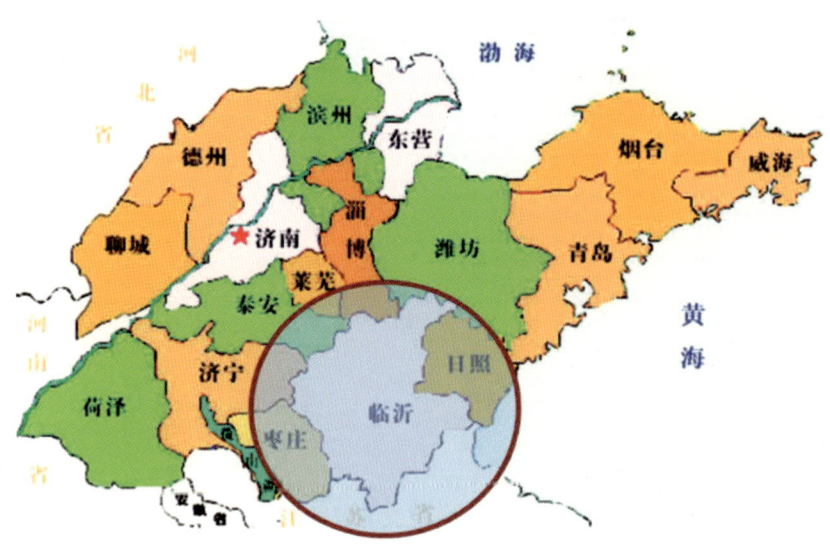

산동행정구역과 기몽지구

^港시를 중심으로 한 넓은 지구를 지칭하며, 임기시의 3개구 9개현*, 일조시의 대부분, 치박^{淄博}시의 기원^{沂源}현, 유방^{潍坊}시의 임구^{臨朐}현, 제녕^{济寧}시의 사수^{泗水}현, 조장^{棗莊}시의 중구, 역성^{嶧城}구, 태아장^{台兒莊}구, 산정^{山亭}구, 강소성 연운항시, 비주^{邳州}, 신기^{新沂}, 공유^{贛榆}, 동해^{東海} 등 현급시의 일부분을 포함한다. 그러나, 오늘날 비교적 널리 쓰이는 기몽산구는 임기시의 3개구 9개현과 치박시의 기원현, 일조시의 영^営현 등을 포괄하는 지역을 이른다. 그러나, 이러한 호칭은 하나의 인문개념으로 단지 특정한 호칭일 뿐인데, 산지는 실제 경내의 몇 개 현급시 범위안에만 분포해있으며, 전체의 옛 기몽산구에서 산지, 구릉, 평원은 각각 1/3 정도를 차지한다. 구체적으로 보자

---

* 란산구(蘭山區), 나장구(羅莊區), 하동구(河東區), 기남현(沂南縣), 기수현(沂水縣), 담성현(郯城縣), 비현(費縣), 평읍현(平邑縣), 창산현(蒼山縣), 영남현(營南縣), 몽음현(蒙陰縣), 임술현(臨沭縣)이 바로 그것이다.

沂蒙红色文化旅游线示意图

기몽 홍색문화 여행노선도

면, 이 지역의 중심도시인 임기시의 대부분과 관할지역(蒼山縣, 郯城縣, 臨沭縣, 營南縣)은 대부분이 모두 평원이다.

오늘날 중국내 홍색문화가 흥기하면서, 각종 홍색문화와 관련된 산업 또한 발전하기 시작했다. 기몽지구는 임기시 당위원회를 중심으로 하여 적극적으로 기몽지역 특색의 홍색문화산업을 발전시키고 있는데, 주로 홍색여행의 개발과 기몽 홍색문예작품 창작 등으로 드러난다. 항일과 해방전쟁과 관련된 홍색문화는 주로 전쟁유적지와 혁명정신 두 측면을 포괄한다.

혁명전쟁 유적지는, 주로 해방 이전 팔로군 115사단, 신사군新四軍, 화동야

전군의 전투노선과 전쟁유적지 등의 혁명전쟁유적지, 공산당기관의 유적지, 전투 유적지, 건축유적지 등이다. 그 중 대표적인 유적지는 하울^{夏蔚}진 왕장^{王莊}을 중심으로 하는 기수지구, 마목지^{馬牧池}향을 중심으로 하는 기남지구, 대점^{大店}진을 중심으로 하는 영남지구, 하동^{河東}구 구곡^{九曲}진 신사군 군부 옛터와 화동혁명열사능원을 중심으로 하는 임기시 지구, 몽산을 중심으로 하는 홍색혁명근거지, 맹양고^{孟良崮} 전역유적지, 대청산^{大青山} 유적지 등이다.

혁명정신은, 주로 기몽혁명정신을 중심으로 한 홍색문화이다. 옛 기몽혁명구 인민은 혁명전쟁시기 군대를 옹호하고 당을 사랑하고, 개척하고 분투하며, 힘겹게 창업하고, 희생적으로 공헌하는 혁명정신을 형성했다. 이는 주로 혁명전쟁시기 각종 전형적인 영웅인물과 영웅사의 형태로 무수히 드러나는데, 특히 이러한 내용을 주제로 창작된 각종 문학, 영화, 티비, 가곡 등 예술작품이 있다. 이러한 작품들은 오늘날 기몽지구뿐만 아니라 중국 전체에서 많은 대중들의 사랑을 받고 있다.

::기몽홍가

기몽홍가는 중국근대 산동 기몽지구에서 전해내려온 혁명가곡의 약칭으로, 특히 사회주의 중국의 건국 이전 해방전쟁시기 널리 전해졌던 혁명가곡이며, 그 내용은 주로 군대와 인민이 하나의 가족과 같고, 군대를 옹호하고 인민을 사랑하며, 공산당을 지지하고 국민당을 반대하며, 중국해방을 지지하는 등 당시 중국의 역사적, 사회적 현실을 가사내용에 담고 있다. 이러한 가곡들의 탄생과 전파는 주로 수많은 빈곤백성에 의해 이루어졌다. 일반 백성들은 당연히 선율과 가곡을 창작할 능력을 갖추지는 못하여, 거의 모든 가곡선율이 '곡을 따라 가사를 덧붙이는^{依曲填詞}' 방식을 채용했다. 즉

주로 산둥지역 백성들에게 널리 전해져온 민간가곡의 선율 또는 그 이전에 이미 널리 전해져온 창작가곡의 선율, 심지어 일부의 초기 개신교 찬송가 선율 등을 빌리고 여기에 가사를 붙여 창작한 것이었다. 혁명전쟁과 함께 널리 전해지기 시작했고, 기몽지구에서는 구두로 전파되었다.

기몽지구는 산둥성 경내의 저명한 산지지구로서, 해방군이 유격전과 반격전을 전개하여 적국에게 타격을 입힌 주요지구이다. 고된 전쟁시기에도 소박한 기몽 인민은 인민해방군에 매우 커다란 지지를 보냈으며, 수많은 해방전쟁과 관련된 감동적인 고사들을 남겼다. 이러한 고사들은 해당지역 백성들에 의해 광범위하게 전래된 이후, 오늘날 아주 뛰어난 홍가의 고전으로 만들어졌다. 주요하게는 《기몽산 단조^{沂蒙山小調}》, 《공산당을 따라 가자^{跟着共産薫走}》, 《기몽성 공략^{攻打沂蒙城}》 등이며, 심지어 건국 이후에도 《기몽송^{沂蒙頌}》, 《붉은 아주머니의 노래^{紅嫂頌}》* 등 수많은 기몽지역의 고사를 소재로 하여 창작한 뛰어난 가곡들이 만들어졌다.

기몽 지역의 선명한 홍색혁명전통은 기몽홍가를 배양해냈다. 이러한 가곡은 당시 인민들이 공산당을 지지하고 해방군을 옹호했던 혁명의 열정을 불러일으킬 뿐만 아니라, 수많은 해방군 전사의 혁명의지를 불러일으키며

---

* [역자주] 하나의 예를 들어 보충설명하자면 다음과 같다. 기몽지역의 전투에는 남성뿐만 아니라 여성들 또한 적극적으로 참여했는데, 이들은 전투와 식량, 물자의 보급 등에서 중요한 역할을 했다. 그 중 명덕영(明德英)이란 여성이 피를 많이 흘려 생명이 위급한 팔로군 부상자에게 젖을 먹여 생명을 구했다는 고사가 있었다. 이는 그 '모성'적인 내용과 더불어 '붉은 아주머니'정신으로 크게 칭송되어졌다. 1960년 작가 류지협(劉知俠)은 이를 바탕으로 소설 『붉은 아주머니』(紅嫂)를 창작했고, 추후 경극 《홍운강(紅云崗)》, 발레 《기몽송(沂蒙頌)》이 되어 많은 사람들의 사랑을 받았다. 명덕영은 2009년 9월 당·정·군 11개부문이 공동으로 선정한 "신중국 성립에 공헌한 100명의 영웅모범" 중 한명으로 선정되었다. 또한 현재 임기시의 한 촌에 '중국 붉은아주머니 혁명기념관'이 건립되어 이를 기념하고 있다.

건강한 감정을 도야시키는 예술적 매체이다. 이러한 가곡은 기몽산구의 아름다운 풍경을 노래하고, 기몽산구 인민의 용감함, 부지런함, 소박함을 노래한다. 이 가곡들은 "당과 군을 사랑하고, 개척하고 분투하며, 힘껍게 창업하고, 사사로움없이 봉헌하는" 기몽지역의 정신풍모를 드러낸다. 기몽문화의 전승과 기몽정신의 선전, 중국공산당의 우량한 전통을 드날리는 중요한 작용을 지탱하는 것은 곧 홍색의 역사, 기몽인민의 홍색기억이다.

번역: 윤종석

●●●●●●●●●●
신혜선

산둥의 경제발전과
한국

산둥^{山東}에 내려오는 말 중에 '老鄕見老鄕, 兩眼淚汪汪'라는 말이 있다. '고향사람을 만나면 이내 눈물이 그렁그렁해진다'는 뜻으로, 한마디로 '우리가 남이가～'라는 정서가 물씬 풍기는 표현이다. 춘추전국시대 제^齊나라와 노^魯나라가 위치해있던 지역이라 해서 '제노^{齊魯}지대'라 불리는 산둥^{山東}은 한국과는 지리적으로 가까울 뿐 아니라, 정서적으로도 못지않게 가깝다. 노나라가 공자의 고향이다보니 유가사상이 깊게 배어있는 점에서 그렇고, 동향^{同鄕}에 대한 무한한 신뢰를 보이는 점에서도 그렇다.

산둥은 중화 문명 발상지 중의 하나로 인류문화가 일찍부터 꽃피웠던 곳이다. 약 40～50만 년 전에 고대 인류가 활동한 흔적이 있는 곳으로 이곳에서 발견된 베이신^{北辛}문화, 따원커우^{大汶口}문화*와 룽산^{龍山}문화** 유적지는 7,000여 년 전 농업과 수공업이 이미 발달되었다는 것을 말해준다. 산둥^{山東}성은 타이항산^{太行山} 동쪽에 위치하여 산의 동쪽^{山東}이라는 이름을 갖게 되었다. 서주^{西周}시대 주공^{周公}에게 봉한 제후국 노나라와 강태공^{姜太公}에게 봉한 제후국 제나라가 있어 '제노'라 부르고 현재 산둥의 약자로 사용된다. 농업과 수공업이 발달한 중국의 주요한 식량 생산지로, 한국에 수입되는 농산물의 많은 물량이 이곳, 산둥성으로부터 공급된다.

:::산둥 : 대성^{大省}·부성^{富省}, 중국 제3대 GDP 5조^兆위안 성^省

산둥은 예로부터 인구가 많아 중국의 대성^{大省}으로 꼽힌다. 대표적 사상가 공자^{公子}, 묵자^{墨子}, 손자^{孫子}, 맹자^{孟子}의 고향이 있는 곳이며 서예가 왕희지^{王羲之}, 〈요재지이〉^{聊齋志異}***의 작가 포송령^{蒲松齡} 역시 이 지역 출신이다. 또

---

* 중국의 산둥성과 장쑤성 일대에서 나타난 후기 신석기 문화로 기원전 4300년에서 기원전 2500년 무렵까지 존재하였다. 1959년 황허(黃河)의 지류(支流)인 원허(汶河) 유역의 닝양(寧陽)의 보두촌(堡頭村)에서 유적(遺蹟)이 발견되었으며, 타이안(泰安)의 다원커우(大汶口)에서도 대규모 유적이 발굴되었다. 1964년 중국과학원(中國科學院) 고고연구소(考古研究所)가 대표 유적의 이름을 따서 다원커우(大汶口) 문화라 이름 붙였다. 중국 동부(東部) 지역의 신석기 문화를 파악하는 데 중요한 의의를 지닌다.

** 중국의 황허[黃河] 유역에서 기원전 3000년에서 기원전 2000년 무렵까지 존재했던 신석기시대 후기의 문화로서 흑도(黑陶)와 회도(灰陶)를 특징으로 한다. 룽산문화(龍山文化)는 마치 달걀껍질처럼 얇고 정교하게 제작된 흑도(黑陶)를 특징으로 하여, 채도(彩陶)를 특징으로 하는 양사오문화(仰韶文化)와 구분하여 '흑도문화(黑陶文化)'라고 불리기도 한다.

*** 요재가 기록한 기이한 이야기라는 뜻. 중국 괴이(怪異)문학의 대표작이며 해외에 널리 알려져 있다.

산둥성 지도
출처 : http://image.baidu.com

한국인에게 익숙한 이름인 강태공은 산둥에 위치했던 제나라를 세운 인물. 그는 제나라가 바다에 인접해 있는 잇점을 활용해서 어업과 염업사업을 개발하여 경제를 발전시켰다. 산둥의 풍부한 산업의 시초는 강태공으로부터 시작되었다는 설(?)도 이에 기반한다.

산둥성은 중국의 3대 경제권 중 환발해^{環渤海} 경제권과 장강^{長江} 경제권을 연결하는 경제·교통 요충지역이다. 1988년 초, 중국정부가 산둥반도를 대외경제개방구로 지정한 후 산둥성은 중국 경제발전을 이끄는 역할을 해오고 있다. 경제규모는 2012년 기준 7,900$로 한국 경제규모(1.13조$)의 약 70%에 달한다. 이는 인민폐 5조 13억 위안^元으로 중국 전체의 9.6%를 차지한다.* 산둥성은 이로써 광둥성(9,000억$)과 장쑤성(8,600억$)에 이어 세 번째로 '중국 성급 GDP 5조^兆 위안 그룹'에 포함되었다. 산둥성 GDP는

---

* 新华网山东频道 (www.sd.xinhuanet.com) [검색일자 2014년 1월 24일]

2006년 2조 위안, 2008년 3조 위안, 2011년 4조 위안을 기록했다가 지난 2012년에는 전년 대비 9.8% 증가, 5조 위안을 돌파했다.* 2013년에는 5조 4384억 위안으로 전년 대비 9.6% 성장했으며 중국 모든 성 평균인 7.7%를 상회한 것으로 집계되었다.**

산둥성은 앞서 인구가 많은 대성^{大省}에 이어 부유한 성^{富省}이라 불리기에 손색이 없다. 경제성장도 거대한 기업들에 의해 좌우되는데, 산둥의 대표적 기업은 칭다오^{靑島}를 기반으로 하는 하이얼^{海尔, Haire}전자와 칭다오맥주이다. 또한 둥잉^{东营}시의 유전***과 석유사업은 산둥성 경제의 매우 중요한 요소이다. 여기에 지리적으로 가까운 한국과 일본의 투자도 산둥 경제 성장의 없어서는 안 될 동력이다.

〈도표1〉 중국 GDP 성장률과 산둥성 GDP 성장률

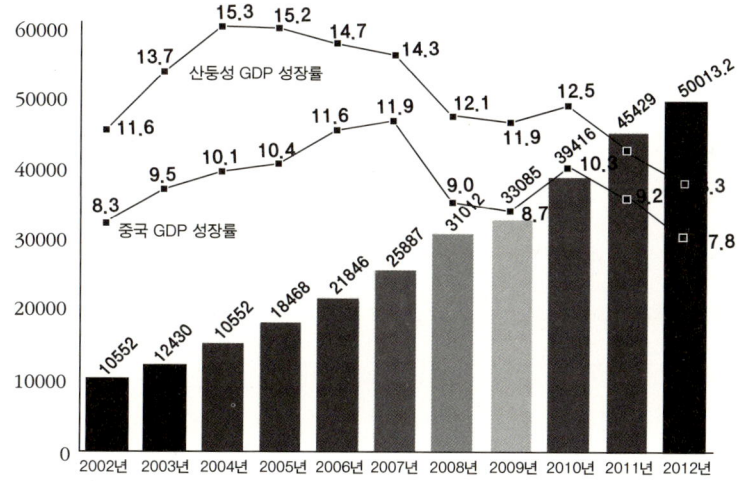

---

* GDP 1위는 광둥성으로 24년 동안 중국내 1위 자리를 굳게 지키고 있다.

** 山東省統計局 (http://www.stats-sd.gov.cn/2007/default_4.asp) [검색일자 2014년 4월 10일]

*** 산둥성은 중국원유의 15.3%를 생산, 헤이룽장성에 이어 2위이다.

2012년 기준, 한국-산둥성 간 교역액은 316억$, 무역수지는 39$ 흑자이다. 이는 한국의 10대 교역대상 규모이다. 참고로 한국-호주간 교역액은 322억$(7위)이고 한국-독일간 교역액은 251억$(10위)이다. 한국 산둥간 주요 교역품목은 전기 · 전자가 87억$(27.7%), 철강 · 비금속류 40억$(12.8%), 석유화학제품 37억$(12.0%) 순이다. 한국에서 산둥으로, 산둥으로 한국으로 오가는 품목과 교역액은 아래 도표에 잘 나타나 있다.

〈도표2〉 한국과 산둥성 간 주요 교역품목(2012)

구분	한국→산둥성		산둥성→한국		합계	
	금액(백만$)	비중(%)	금액(백만$)	비중(%)	금액(백만$)	비중(%)
1차 생산품*	214	1.2	1,423	10.3	1,638	5.1
석유화학제품	2,603	14.6	1,194	8.6	3,798	12.0
고무 · 플라스틱	1,895	10.7	292	2.1	2,188	6.9
가죽모피 · 제지 섬유 · 신발	896	5.0	1,997	14.4	2,894	9.2
철강 · 비금속류	1,416	8.0	2,644	19.1	4,061	12.8
기계류	1,864	10.5	1,446	10.4	3,310	10.5
전기 · 전자	5,727	32.2	3,030	21.8	8,758	27.7
교통운송설비 및 부품	349	2.0	460	3.3	809	2.5
정밀기기	2,725	15.3	226	1.6	2,952	9.3
기타(완구 · 생활잡화, 유리 · 시멘트)	95	0.5	1,159	8.4	1,255	4.0

출처 : www.kita.net * 농업 · 수산업 등 생산품과 그 가공품

2013년 기준, 한국은 산둥의 제3의 수출대상국이다. 산둥의 1위 수출국은 미국인데 2154억6천억$로 2012년 대비 5.8% 증가했고, 2위 수출국은 일본, 1,615억 4천만$로 전년 동기 대비 6.1% 감소했다. 산둥의 대對한국 수출은 1,271억 2천만$로 전년 동기 대비 4.6% 줄어들었다. 이는 산둥성

전체수입의 12.6%를 자치하는 비중이다.

한국은 산둥 입장에서 수출대상국으로 3위지만 수입교역국으로는 1위이다. 2013년 한국에서 수입한 총액은 1,654억$로 집계되었다. 산둥의 2위 수입교역국은 호주로 1,636억$, 전년 대비 46.5% 증가했으며 전체수입총액의 12.33%를 차지한다. 3위 수입교역국은 미국으로 1,345억 9천$, 전년 대비 18.5% 증가, 전체수입총액의 10.1%이다.

2013년 3월 기준으로 산둥성에 진출한 한국 투자법인은 7,593건이다. 중국의 31개 성^省과 시^市 중에서 단연 1위이고, 중국 전체(22,759건)에서 33.4%를 차지한다. 이들 투자법인이 투자한 누적투자금액은 89억$로 쟝쑤^{江蘇}성에 이어 2위를 차지하는 규모이다. 2013년 한 해 새로운 외국인 투자 프로젝트는 1,405개로, 금액은 177억 1천$이었다. 그 중 한국인이 투자한 새로운 프로젝트는 365개로 실제로 투입된 투자금액은 12억$로 집계되었다.

이상의 수치를 종합해 볼 때 한국과 산둥, 산둥과 한국간의 밀접함은 산둥경제발전에 한국이 더할 수 없는 파트너였음을 알게 해준다. 이를 계기로, 향후 어떤 위치에 놓이고 어떤 관계를 가져야할지에 대한 고민은 의미가 있다.

한국의 산둥성 투자는 몇 가지 특징이 있다. 우선, 업종별로 봤을 때 최근 5년 간 제조업이 23억$로 91.2%를 차지하고 있고 그 다음으로 서비스업이 2억$로 8.1%를 차지한다. 이 중 투자규모가 가장 큰 제조업의 경우 전기·기계가 5.3억$로 22.6%를 차지하고 전자부품이 5.2억$(22.2%), 자동차부품이 5.0$로 21.5%를 차지한다. 이들 기업들의 투자목적은 저임금 활용(42.7%) 현지 시장 진출(30.3%) 수출촉진(24.3%) 순이다. 산둥지역은 물류환경이나 산업인프라에 비해 비교적 낮은 인건비를 유지하고 있다. 2011년 말을 기준으로 했을 때, 중국 도시의 제조업에 종사하는 노동자의 월평균 임금은 중국평균이 3,060위안인 것에 비해 산둥성은 2,670위안이었다. 상하이시 노동자 월평균 임금은 5,120위안으로 현격히 높고, 비슷한 인프라를 갖춘 랴오닝성(3.404위안), 광둥성(2,980위안), 쓰촨성(2,770위안)과 비교했을 때도 산둥성 노동자 월평균 임금은 높지 않다. 사정이 이렇다 보니 다른 지역에 비해 중소기업 비중이 37.2%로 중국 전역 24.5%에 비해 높은 편이다. 이런 점으로 인해 한국의 많은 기업들이 산둥진출을 시도했고, 산둥경제와 밀접한 관계를 맺으며 오늘까지 이어오고 있다.

:::칭다오 : 한국기업 대중^{對中}투자 중심지, 중국 속 한국 특구^{特區}

한편, 2012년 6월, 산둥성 공상^{工商}국* 통계에 따르면 산둥성에 진출한 한국기업 수는 총 5,814개인데, 이중 3,225개가 칭다오에 위치한다. 이는 산둥성 전체 기업의 55%를 자치하는 숫자로, 칭다오 다음으로는 웨이하이^{威海}시에 1,112개, 옌타이^{烟台}시에 910개가 위치해 있다. 칭다오에 진출한 주요 기업은 포스코, GS칼텍스, 롯데식품, 넥센타이어 등이다.

칭다오는 "칭다오에서 새벽에 닭이 울면 인천에서 들을 수 있다"는 말이 있을 정도로 한국과 가장 가까운 도시이다. 또 산둥성을 비롯해 환발해 지역의 주요 허브항만으로 중국과 전 세계 5대주를 이어주는, 중국에서 **가장**

---

* 정식명칭은 공상행정관리국(工商行政管理局)이다. 사업에 대한 영업허가를 내주고 여러 가지 행정적인 관리와 지원을 하는 기관이다.

영향력있는 항구로 꼽는다. 그런 칭다오에 한국인들이 첫 발을 내디딘 것은 1988년이다. 당시는 한중 국교 수교가 이루어지기 전이라 상품의 직거래는 불가능했고, 홍콩을 거쳐 다시 상하이, 베이징을 돌아야만 닿을 수 있는 곳이었다. 1990년 칭다오와 가까운 항구도시 웨이하이와 인천을 잇는 뱃길이 열렸다. 그 후 한국과 중국은 상호 경제·무역협력관계를 강화한다는 방침을 세우고 인천-웨이하이간 여객화물선 항로를 칭다오까지 연결했다. 인천-웨이하이간 주 2회 월 8회 운행하고 있던 골드브리지호^號*가 1993년 5월부터 인천-칭다오 간 항해를 시작, 그간 멀리 돌아 닿았던 칭다오가 인천에서 배에 오르면 바로 닿는 곳이 된 것이다.** 그 후 20년이 지난 2013년, 한국에서 칭다오에 닿는 길은 인천-칭다오간 항공이 매주 77회, 인천-칭다오 간 여객화물선이 매주 3회 운행하고 있어 무척 가까워졌다. 칭다오까지야 그렇지만 지난, 옌타이 등 인근 도시까지 닿는 교통편은 매주 140여 편 비행기와 40여 편의 여객선이 오간다. 칭다오는 그래서 중국의 다른 어떤 도시보다 한국과 매우 가까운 도시이자, 파트너가 아닐 수 없다.

칭다오에 처음으로 세워진 한국기업은 스피커부품 생산업체 토프톤^{托普頓} ^{電器有限公司}***이다. 1989년 8월 12일 등록자본금 340만 달러로 칭다오 청양구^{城陽區}에 공장을 설립했다. 이후 1992년 수교 전까지 총 71개 기업이 칭다오에 진출했는데 이중 65개 기업이 청양구에 자리를 잡았다. 투자액은 평

---

* 골든브리지호는 당시 승객 480명과 20피트짜리 컨테이너(TEU) 90개를 수송할 능력을 가지고 있었다.

** 1993년 4월 인천-칭다오 운항 사업면허를 받은 위동해운의 준비작업이 마무리 돼 그 해 5월 22일부터 인천-웨이하이간 운행하고 있던 4300t 골든브리지호를 이 항로에 투입해 월 2차례 운행한다 (한겨레신문 1993년 5월 19일자).

*** '테프톤'은 영어 'Top Tone'의 일본식 발음이고 '托普頓'은 테프톤의 중국식 음역이다.

균 300만 달러 미만이고 주로 섬유와 봉제생산에 특화된 중소기업들이었다(위군, 2011). 비록 첫 발은 미약했으나, 이를 계기로 칭다오시는 한국기업에 대한 투자유치의 중요성을 인식했고, 한중 수교를 계기로 한국기업에 대한 투자유치전을 벌였다. 1992년부터 2002년까지는 칭다오시의 모든 구^區, 그리고 현^縣급 시가 한국에 가서 투자유치설명회와 상담을 가장 많이 한 시기였다. 회사의 업종, 규모 등에 제한 없이 무작위적인 투자유치를 통해 칭다오 경제발전을 이룩하고자했던 것이다. 현재 칭다오에는 '재청도 한국인(상)회'가 있어 칭다오 투자에 관심이 있는 한국기업에 대한 자문 및 지원을 하고 칭다오에 거주하는 한국인들의 권익을 위해 일하고 있다. 이의 전신은 1992년 1월 4일에 설립된 '재중국 산둥성 한국투자기업협의회(당시 회원사 26개)'이다. 이후 1995년 '청도한국경제인협회'로 개칭했다가 96년에 다시 '청도한국투자기업협회'로 바꾸었다. 그러다 1998년, 중국 칭다오 정부에 공식인가를 받아 대외 명칭은 '청도외상^{外商}* 투자기업협회 한국투자기업분회'로, 대내 명칭은 '중국한국상회** 청도상회(약칭:청도상회)'로 정했다. 2009년에 '재청도 한국인(상)회'로 확대 개편 및 개명하여 지금까지 이어지고 있다.*** 칭다오정부는 한국기업유치를 위해 '청도상회' 설립을 적극 지원했다. 실제 청도상회는 중국한국상회가 만들어진 1993년보다 1년 먼저 설립된 것만 봐도 알 수 있다(朴英姬, 2003).

---

* 한국개념으로 외국상사(商社)를 뜻한다.

** 1992년 수교 직후인 1993년 베이징에 설립됐다. 중국 민정부에 정식으로 등록되었으며, 산하에 56개의 지역 한국상회가 설립되어 운영되고 있다. 중국한국상회는 기업 경제부분에 집중하여 활동하고 있으며, 교민 관련 할동은 베이징에 있는 재중국한국인회(황찬식 회장)와 역할을 분담하고 있다.

*** http://www.qdkorea.or.kr/ourinfo_02.php [검색일자 2014년 4월 30일]

한국기업의 칭다오진출은 칭다오가 중국 다른 지역에 노동자 임금이 낮은 원인과 함께 조선족 중간관리인 혹은 사무직원을 구하기 쉽다는 이점도 작용한다. 상대적으로 작은 규모의 자본으로 인해 중국어를 구사하는 한국인 인력을 확보하는 일이 쉽지 않다보니 중국어와 한국어를 구하면서 한국인 노동력에 비해 크게 저렴한 조선족 노동력을 필요로 한 건 당연한 결과이다. 이들 칭다오에 진출한 한국인 기업이 필요로 하는 인력은 동북지역 조선족 집거지역으로부터 이동한 사람들이다. 외교통상부 재외동포 현황 자료를 보면 2010년 12월 기준으로 칭다오에 거주하는 조선적 인구는 13만 4,400명, 산둥성 전체 조선족 인구는 20만 명이다. 가히 동북지역을 대신하는 새로운 조선족 거주지역인 셈이다. 지난 1988년 칭다오 조선족 인구는 100여명이었다. 1996년에 1,000여 명으로 늘더니 이제는 중국 거주 조선족 190여만 여명의 10%가 칭다오를 중심으로 한 산둥성에 살게 된 것이다. 이주해 온 조선족들은 단지 한국기업의 노동자로만 일하는 게 아니었다. 가족단위로 온 조선족들은 한국기업이 모인 곳을 중심으로 한국식당을 운영하기 시작했고 업종은 의류 등 다양하게 확대되어갔다. 여기에 한류열풍이 더해지면서 조선족들이 운영하는 상가에는 조선족, 한국인 외에 한국문화에 긍정적인 인식을 갖게 된 현지인들까지 모여들었다.

2002년에는 한국기업이 가장 먼저 진출한 지역인 청양구에 '한국성韓國城'이라는 의류상가가 문을 열어 이른바 '코리아타운'을 형성했다. 한국성이라는 단어가 처음으로 칭다오에 나타난 것이다.

2004년은 칭다오 코리아타운에 전환점이 되는 해였다. 7월 3일부터 9일까지 '한국주간韓國周'을 열었는데 주제는 "칭다오-한국인의 투자창업과 주거생활에 가장 적합한 도시, 한국-칭다오시의 가장 가까운 문화교류와 경제적 합작파트너<ruby>青島一最適合韓國人投資創業和居住生活的城市;韓國一淸島市最密切的文化<rt></rt></ruby>
交流和經濟合作伙伴"였다. 이 행사는 칭다오시정부와 재<ruby>在<rt></rt></ruby>칭다오영사관이 주관
하고 칭다오완바오<ruby>青島晚報<rt></rt></ruby>와 한국주간행사위원회가 주최했다. 한국주간 몇
달 전부터는 칭다오에 거주하면서 생긴 사진, 문건에 대한 자료를 모집·공
모했다. 모아진 자료는 심사를 거쳐 우수하고 의미가 있는 작품에 대해 상
을 수여했다. 또 온·오프라인 자료로 만들어져 한국주간 동안 '칭다오에
서의 한국인'이라는 회고전을 개최하는 데 소중한 자산이 되었다. 2004년
을 기점으로 칭다오와 한국은 단일한 상업적 투자유치 형태에서 전면적인 교
류로 나아갔다. 특히 한국주간을 개최한 것을 계기로 기존 경제위주 교류에
서 과학기술, 문화, 관광, 스포츠, 교육 등의 사회문화교류로 한층 발전했
다. 당시 칭다오시<ruby>市<rt></rt></ruby>대외경제무역국<ruby>外經貿局<rt></rt></ruby> 통계에 따르면 2004년 3월 말까
지 한국인투자비준<ruby>批准<rt></rt></ruby> 건수는 5,545건, 260개 회사가 칭다오에 지사를 설
치하고 있었다. 한국인 투자금액은 50.4억불로 칭다오 총 외자투자금액의
41.5%에 해당한다. 이들 한국기업들이 칭다오에서 창출한 일자리는 33만
여 명으로 그로 인해 발생한 세금은 약 10억 인민폐에 달했다.

2008년에는 칭다오에 진출한 한국기업 투자액이 처음으로 100억 달러
를 돌파했다. 칭다오시 대외경제무역국 발표에 의하면 2007년 말까지 칭다
오에서 비준을 받은 한국기업은 9,932개, 실제 투자 누계약은 100억 달러
를 초과한 117억 달러였다. 이는 칭다오시 외자총액의 50%를 차지하는 금
액이다. 세금납부액만 17억 달러, 한국기업이 창출한 일자리는 45만에 달
했다. 이러한 한국기업의 성과는 칭다오의 사회경제발전에 크게 기여했으며
특히 삼성화재보험, 신한은행, 인터파크, 대한항공 콜센터, 롯데마트 등 한
국에서 지명도가 높은 서비스업의 진출은 칭다오 산업구조조정에 주된 동

력이 되었다는 평가를 받고 있다(青島日報, 2008).

2013년 말, 한국이 칭다오에 투자한 항목의 누적 수는 1만 1393개이며, 계약자본은 236억 달러에 달했다. 이는 칭다오 시 전체 외국바이어 투자누적수 비중의 46.9%이고, 계약자본비중의 29.3%이다. 2013년 칭다오와 한국의 수출입무역 총액은 85억 달러로 2012년 대비 8.1% 증가했다. 도시 전체 수출입액의 10.9%를 차지한다.

〈도표3〉 칭다오 대(對)한국 교역 현황(2011~2013년) (단위:억 달러)

수출액			수입액		
2011년	2012년	2013년	2011년	2012년	2013년
40.0	40.2	40.4	46.6	38.8	45

출처 : 칭다오시 대외무역경제합작국

:::산둥(칭다오) VS 한국 : 상호 업그레이드로 도약

'중국 속의 한국 특구特區'로 불릴 만큼 한국과는 더 이상 밀접할 수 없는 관계를 맺고 있는 칭다오가 최근 새로운 도시발전을 추진하고 있다. 2009년 인민대표대회에서 '칭다오 도시 총체규획青島都市總體規劃(2006~2020)'*을 통과시켰는데, '도시화'와 '산업구조 조정'에 중점을 두고 1주主3보輔를 통해 전체 발전을 이끈다는 구상이다.

'도시화'의 주요 내용은 2020년까지 칭다오시를 도시면적 870㎢, 인구

---

* 칭다오시는 1990년대 후반 이미 같은 이름의 '칭다오 도시 총체규획(青島都市總體規劃) (1995~2010)'을 준비하여 추진하였는데, 추진과정에서 나타난 문제점과 변화된 경제사회 발전수준을 반영하여 재조정된 것이다.

1,200만 명의 특대도시로 발전시키며 도시화율을 약 78%까지 높인다는 것이다. 계획이 무난히 달성되면 칭다오시는 2020년 동부 연해 중심도시 중 하나가 될 것으로 보인다. 역사문화의 도시·국제적인 항구도시로서뿐 아니라 해변휴양도시로도 각광을 받을 전망이다.

'산업구조 조정'은 산업구조는 계속 고도화하는 가운데 지역별로 특화된 산업을 발전시켜나간다는 계획이다. 자오저우膠州만灣을 중심으로 동쪽과 서쪽, 그리고 북쪽지역을 입지조건과 기능에 따라 발전시키고자 한다. 자오저우만 동쪽지역은 칭다오의 행정 문화 금융비즈니스의 중심으로 역할을 하게 될 것이다. 이를 위해 전통적 공업은 개조하거나 외곽으로 이전, 산업구조 고도화를 가속화한다는 계획이다. 자오저우만 서쪽지역은 동북아 국제항운의 중심이자 물류무역중심지역으로 발전시키고자 한다. 이를 위해 임항臨港산업(항만 배후산업)과 조선산업, 석유화학산업을 적극적으로 유치할 계획이다. 자오저우만 북쪽지역은 첨단기술산업의 중심·종합적 서비스산업의 중심·수출가공기지로 가능하게 하려고 한다. 이곳에는 국제공항이 있는데 이를 지역허브공학으로 발전시키며 이와 더불어 항공물류 및 항공기 수리 등의 항공서비스를 함께 발전시키고자 한다.

문제는 이런 칭다오 도시 총체규획의 방향이 산업구조의 고도화인 것과 기존 칭다오에 진출한 한국기업 대부분이 노동집약적 전통산업이었다는 것의 충돌이다. 최근까지 칭다오에 있는 기업들은 대부분 가공수출업체거나 기계부품, 화공약품 등 전통 제조 산업이다. 그러나 칭다오 시 정부가 산업구조의 고도화를 표방하며 친환경 첨단산업이나 고부가가치가 있는 산업을 유치하겠다는 쪽으로 방향을 선회하는 과정에서 전통산업에 대한 설비확장이나 추가투자의 길이 결코 쉽지 않게 되었다. 즉, 칭다오시가 경제

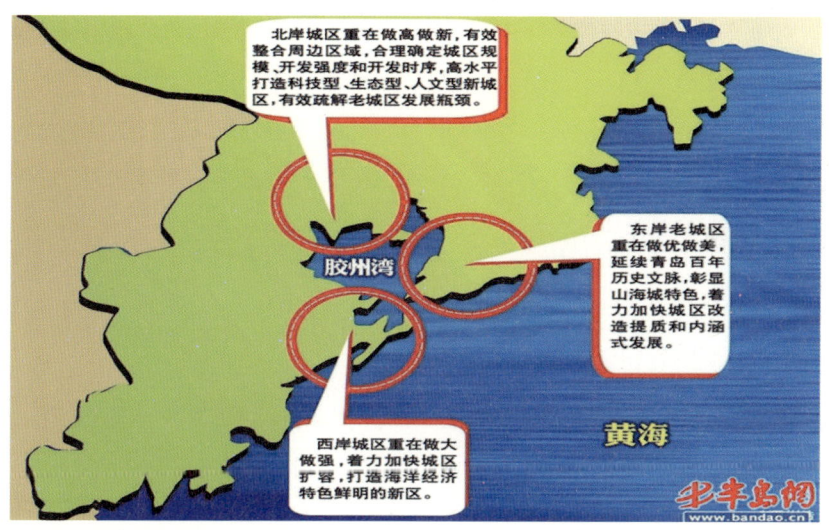

北岸城区重在做高做新,有效整合周边区域,合理确定城区规模,开发强度和开发时序,高水平打造科技型、生态型、人文型新城区,有效疏解老城区发展瓶颈。

东岸老城区重在做优做美,延续青岛百年历史文脉,彰显山海城特色,着力加快城区改造提质和内涵式发展。

胶州湾

西岸城区重在做大做强,着力加快城区扩容,打造海洋经济特色鲜明的新区。

黄海

半岛网
www.bandao.cn

자오저우만을 중심으로 한 동·서·북부 지역 지도
출처 : http://image.baidu.com

업그레이드하는 과정에서 많은 한국기업들이 구조조정의 희생양이 되는 것이다.

이런 배경하에서 적지 않은 한국기업의 도산과 여파의 악순환이 '한국 사장들 공장 문 닫고 야반도주' 등의 타이틀로 언론에 보도되기에 이르렀다. 사실 칭다오지역의 번성은 노동시장 측면에서 동북지역의 황폐화를 딛고 일어섰다 해도 과언이 아니다. 그런 점에서 칭다오지역 노동시장의 침체는 동북지역에서 대거 이주한 조선족들에게 제2의 타격이 되고 있다.

또한 칭다오시는 과거 외자기업에게 주었던 특혜마저 거둬들이는 추세. 이에 적지 않은 기업이 동남아 등지로 떠나거나 한국으로 다시 유턴하는 상황이 벌어졌다. 산업연구원에서 펴낸 중국시장진출전략 보고서에서는 "중국 경제가 필요로 하는 부분을 채워줄 수 있는 상호보완적 성격이 있어야한다"며 "저렴한 인건비를 기반으로 한 가공수출은 더 이상 무의미하고

신소재, 자동차 부분 등 각 분야에서 기술력 우위가 있는 혁신형 기업진출
이 이루어져야 한다"고 조언한다.

::::인터뷰

"천안문 사건 직후 계약서에 도장 찍은 용감함(?)이 오늘의 기업을 있게 했죠."

칭다오 진출 1호 기업 토프톤(托普頓電器有限公司) 부회장 염정순 씨

"호텔에서 쉬고 있는데 누가 문을 두드려 밖을 내다보니 인민복을 입은 시커먼 남자 셋이 서 있었어요. 마침 함께 있던 조선족이 문을 열어 물어보니 낮에 산업박람회에서 받은 명함을 보고 찾아왔다 하더라구요"

1988년 여름, 당시 한국은 올림픽 열기가 한창이었지만 중국은 여전히 '동토의 땅', 한중수교가 채 이루어지기 전이니 한국의 평범한 가정주부 염정순 씨(62세)에겐 지금의 '북한'에 대한 인상과 별단 다르지 않았다.

서강대 수학과를 졸업한 그는 결혼 후 사업하는 남편 내조하는 일에만 전념했다. 그러다 당시 시아주버니가 스피커 부품을 생산하는 회사를 운영하고 있었는데, 회사가 부도에 처하자 남편과 함께 회사를 맡아 경영에 뛰어들었다. 지난 86년도의 일이다.

"회사운영에 관해 아는 건 하나도 없었어요. 전공이 전공이다 보니 사무실에 앉아 돈 나가고 들어오는 회계 업무만 보조하는 정도였죠."

그러다 그러잖아도 휘청거리던 회사에 노사문제가 발생, 이를 해결할 수 있는 타결책으로 해외진출을 모색하게 되었다. 당시 해외진출하면 의례 동남아가 꼽혔다. 남편이 해외진출로 결정한 곳은 태국이었다. 근 1년에 걸친

준비작업 끝에 BOI(Investment Promotion Act) 승인까지 난 상태. 직원들 모두 태국으로 회사가 옮겨가는구나, 여기고 있을 무렵 염부회장 부부는 여행사 소개로 중국 칭다오를 방문하게 되었다. 한중 수교 전이라 홍콩으로 입국, 상하이 거쳐 베이징 거쳐 드디어 칭다오에 발을 딛었다. 당시 외국인 5명이 돌아다니면 꽁안(公安:한국의 경찰)도 5명이 붙어 같이 다녔다. 여성의 눈에 비친 칭다오는 해외진출지로 태국 보다 나아보였다. 체제가 어떻고 위험이 어떻고 하는 말 보다는 "중국에서 매춘을 하면 여권에 호색한^{好色}^漢이라는 도장을 찍어 추방 시킵니다"라는 우스개 소리가 귀에 들어왔다.

"사업에 대해서는 아는 바가 없으나 사업노 결국 사람이 하는 일이고, 태국에 회사가 진출했을 때 가족들과 떨어져 현지에서 생활해야하는 직원들과 남편을 생각하니 태국이라는 조건이 적합하지 않다는 생각이 들었어요."

그런 관점에서 호의적으로 눈에 비친 칭다오, 염 부회장은 적극적으로 남편을 설득해서 곧 이사만 앞둔 태국진출의 방향타를 칭다오로 돌리고 말았다. 직원들의 반발이 만만치 않았다. 한국 정부 조차 '그런 곳에 왜 가느냐'는 반응이었다. 그럼에도 여성 특유의 '촉'이랄까, 영어도 안 통하고 지저분하기 그지없고 심지어 무섭기까지 했지만 조선족 통역을 사이에 두고 대화한 바로는 중국 정부가 특히 산둥성이 해외기업을 유치하기 위해 많이 노력하고 있다는 느낌을 받았다.

"시장을 열겠다는 의지가 있으니 산업박람회같은 것도 개최했겠지요. 한국기업만 없이 독일, 일본기업들은 진작 칭다오에 진출해 있던 상태였어요."

수교도 되지 않은 나라에 진출해 공장을 짓겠다는 게 얼마나 무모한지도 모른 채 그저 한 걸음 한 걸을 옮기다 보니 지금에 이르게 되었다. 더욱이 1년 여 준비 끝에 계약서에 도장을 찍어야 했던 시점은 89년 8월, 그 해 중

1989년 천안문사건으로 중국에 대해 '위험한 나라'라는 인식이 대세일 때 토프톤 염정순 회장은 그 해 가을, 칭다오에 공장을 설립하기로 결정, 시 정부와 계약서에 도장을 찍었다.

국은 6월에 있은 천안문 사건으로 진작 들어와 있던 기업도 줄줄이 나가는 상태였다. 미국기업, 일본기업 할 것 없이 철수바람이 이는 시점에 한국기업 토프톤*(중국 법인명 칭다오토프톤전기유한공사 : 青島托普頓電器有限公司)은 칭다오에 공장터를 확정짓고, 계약서에 도장을 찍었다.

"중국정부에서는 아직도 그때 얘기를 해요. 칭다오뿐 아니라 산둥성 어느 도시에서든 해외기업 유치를 할 기회가 있으면 산둥성 진출 1호 한국기업 토프톤을 예로 들면서 그때의 '의리'를 기억하더라구요."

한마디로 '무식해서 용감했던' 상황이 전화위복이 된 셈이다. 국제정세에 조금이라도 감각이 있는 사람이라면 천안문 사건의 파장이 얼마나 큰 지부터 생각했을 텐데, 결정을 하고 약속을 했으니 이행해야지라는 생각이 먼저였던 그에게는 크게 와 닿지 않았다. 그 후 최근까지 칭다오 관공서는 시장市長도 바뀌고 직원들도 바뀌었지만 '토프톤'에 대해서만은 여느 대기업 못지않은 대우를 해주고 있다. 토프톤에 대해 '우물을 판 기업'이라고 소개하면서, 칭다오에 진출한 한국기업은 토프톤이 판 우물을 먹는 것과 같다고까지 추켜 세웠다. 한국기업 외에 기업들은 있었으나 당시 중국은 오랜 사회주의 끝에 막 시장을 연 '새내기 자본주의' 국가였다. 막 시장을 연 터라

---

* 음향기기회사니만큼 세계적인 소리를 생산하겠다는 의지를 담은 'Top Tone'의 일본발음을 그대로 회사이름으로 사용하였다.

뭐든 처음이고 뭐든 시작이었다. 말이 그렇지 천안문사건으로 중국 내·외가 어수선한 무렵, 인프라 하나 제대로 갖춰져 있지 않은 그 곳에 공장을 세워 예민하기 그지없는 제품인 스피커를 생산하는 일이 어디 쉬웠을까.

"어느 것 하나 쉬운 게 없었어요. 공장이라고는 하나 쓰러져가는 폐교 같은 느낌이었어요. '위생'이라는 관념조차 없는 곳에서 가장 먼저 신경 쓴 게 화장실이었어요."

그 나라의 문화라고는 하나 불과 얼마 전만 해도 문이 없는 화장실은 중국에서 흔한 풍경이었다. 위생을 말하기에는 그 보다 시급한 과제들이 너무 많았다. 그는 내부분 여성노동자들인 특성상 무엇보나 그들이 편안하고 쾌적하게 일할 수 있는 환경을 중요하게 여겨 화장실 개조부터 시작했다. 지금이야 일본전자회사보다 규모가 큰 한국회사가 적지 않지만 당시만 해도 최고의 바이어는 일본전자회사였다. 지금까지도 바이어관계를 유지하는 마쓰시다는 칭다오 토프톤과 거래를 하기 위해 공장을 방문했을 때 다른 어떤 것보다 청결한 공장을 보고 깜짝 놀랐다. 스피커는 미세한 기기 특성상 청결이 관건이다. 소득수준이 낮은 중국노동자들에게 청결을 역설하기가 쉽지 않았다. 스피커 제작에 쓰이는 유연액에 머리비듬이 자주 떨어져 불량생산에 원인이 될 정도였다. 한번은 깨끗한 이미지의 흰색 모자를 만들어 여자노동자들에게 쓰게 했다. 그런데 이상하게 웅성거릴 뿐 쓰기를 써렸다. 알고 보니 중국인들에게 흰 모자는 상喪당했을 때 쓰는 풍습이 있었다. 중간관리자들은 원가를 생각해서 그냥 쓰길 강요했지만 그는 당장 모자 200개를 버리게 하고 대신 파란색 스카프를 만들어 쓰게 했다. 경제 수준이 떨어진 나라에 대한 하대下待가 되지 않도록 최대한 문화를 존중하고, 인격을 존중하고자 했다.

어떻게 보면 남들과 다른 경영방식을 쓰는 셈이다. 염 부회장의 '남다른 경영방식'에 관한 일화는 또 있다.

"두 달여 만에 공장세팅을 마친 후 갑자기 이웃에 인사를 해야겠다는 생각이 들었어요. 우리는 이사하면 떡도 돌리고 인사하는 풍습이 있잖아요. 혹시 양로원이 있는지 물어봤어요, 무엇보다 어른들에게 인사를 하는 게 좋겠다는 생각이 들어서."

이렇다 할 양로원이 없다는 얘기를 들은 염 부회장은 공장이 있는 인근 지역 노인들이 모여 있는 곳들을 방문했다. 작은 도시 노인들에게 이름도 낯선 '남한' 여성 기업가의 방문은 신선했고 이는 진鎭 정부* 공무원들을 감동시켰다.

중국직원들과 인근 주민들을 신경 쓰는 만큼 한국직원들에 대해서도 작은 부분까지 소홀하지 않았다. 우선 입에 맞지 않은 중국음식 대신에 한국에서 고춧가루 등 양념을 가져다 김치를 담궈 먹었다. 공장 한 편에 씨를 뿌려 상추며 고추며 비교적 입맛에 맞는 야채를 먹게 했다. 공장지대 특성상 문화적 불모인 곳, 그는 낯선 땅에서 고생하는 직원들을 위해 가끔 시내로 함께 나가 노래방이며 볼링장 등을 다녔다. 오래지 않아 결혼한 사람들은 가족들을 불러 들여 함께 살게 했다.

칭다오에 든든하게 뿌리 내린 후 이어 둥관東莞**, 홍콩, 폴란드에 지사를 설립했다. 최근에는 내실을 기하기 위해 규모를 축소하고 있지만 30년 넘게 스피커 생산 한 분야만을 고집한 건 역시 '남다른' 고집인지 모르겠다. 남들이 사업 다각화를 말할 때도 그는 고집스럽게 스피커 기술 개발에 더

* 중국 행정구역은 크게 성(省), 현(縣), 향진(鄕鎭)의 3급체제로 나뉘어 진다. 향(鄕)은 농촌의 말단단위이며, 진(鎭)은 도시의 말단단위이다.
** 중국 광뚱(廣東)성에 있는 소비도시이다.

투자를 했다. 자칫 사양 산업으로 비춰질 수 있지만 그렇지 않단다.

"텔레비전이 슬림화되면서 스피커도 슬림해져야 하잖아요. 핸드폰, 노트북, 빠징코 등 일상 생활에서 스피커가 내장이 안 된 게 없어요."

사업 초기에는 일본바이어가 약 60%를 차지했으나 지금은 한국바이어가 80%를 차지할 정도로 역전했다. 물론 설립 초기의 바이어였던 마쓰시다는 지금도 여전히

한 번이라고 스피커를 분리해 본 경험이 있는 사람이라면 알만한 회사가 토프톤이다. Top Tone(최고의 소리)을 일본인들이 '토프톤'으로 발음해 그렇게 이름지었다.

바이어관계를 유지하고 있다. 그 뿐이 아니다. 중국 최대 가전기업인 하이얼海尔에도 납품을 하고 있다. 현재 칭다오토프톤 법인은 자본금 45만 달러에서 380만 달러 규모의 중견 기업으로 성장했다. 매출액은 1990년 300만 달러에서 최근 10배인 3,000만 달러로 뛰었다.

중국 산둥山東 성은 한국 기업들의 중국 진출 역사가 응축된 곳이다. 한국과 가까운 지리적 이점 때문이기도 하지만 한국 기업이 늘면서 원료 구입에서부터 중간 납품 업체, 완성품 제작 업체까지 산업생태사슬이 잘 꿰어졌기 때문이다. 그런 사슬의 첫 고리인 토프톤, 몇 안 되는 대표적 스피커 제조업체로 성장하기까지 우연히 발을 딛은 중국 칭다오와의 인연은 매우 소중하지 않을 수 없다.

참고문헌

위군, 2011, 청도 코리아타운에 관한연구, 『글로벌문화콘텐츠』 제7호, pp. 47~76.

朴英姬, 2003, 青島韓國商會的文化活動及作用 『當代韓國』, 春夏合刊, pp. 91~93.

青島日報, 2004, 打造最適合韓國創業生活的城市 "青岛韓國周"今夏擧辦, 2월 25일.

青島日報, 2008, 青島利用韓資突破100億美元-占全市利用外資總量的 "半壁江山", 3월 22일.

http://www.qingdaonews.com/content/2004-02/25/content_2718518.htm.

青島規劃規局 http://gzb.qingdao.gov.cn/mainone/index/index.shtml.

山東省統計局 http://www.stats-sd.gov.cn.

김기호

산둥 포도주 산업의
새로운 도전

이제 한국인들뿐만 아니라 전세계 소비자들은 중국산 제품^{made in China}의 홍수 속에 살고 있다고 해도 과언이 아니다. 기존의 중국산 제품은 저가의 저급품이 주를 이루었지만 이제는 하이얼, 화웨이, HTC 등의 IT 및 전자 회사들이 고급화 전략을 추구하면서 한국, 일본 등의 기업들을 위협하고 있다. 그렇다면 중국산 포도주는 어떨까? 과연 중국산 포도주가 서울의 와인바에서 프랑스나 이탈리아의 고급 포도주와 어깨를 나란히 하여 판매될 날이 올 수 있을까? 아직까지 많은 한국인들은 중국에서 포도주가 생산된다는 사실 자체에 놀랄 수도 있고, 혹은 중국산 포도주의 품질에 의구심을 품을 수도 있을 것이다. 하지만 중국은 2010년에 이미 호주, 칠레 등을 제치고 세계 7대 포도주 생산국(생산량 기준)으로 올라섰으며, 전세계 와인 전문가들은 중국을 가장 빠르게 성장하는 와인 시장으로 주목하고 있다.* 특히 중국 정부는 산둥성의 옌타이^{烟台}를 포도주 생산의 핵심 지역으로 선정

---

* The International Wine and Spirit Report's China Wine Market Report (August 2011).

하여 장위^{張裕}, 종량^{中粮} 등의 포도주 회사들이 대규모 포도주 생산 기지를 건설할 수 있도록 전폭적인 지원을 해오고 있다. 이를 바탕으로 중국의 포도주 회사들은 프랑스 등 와인 선진국으로부터 포도 재배 및 양조 기술을 도입하여 전세계 와인 애호가들에게 인정받을 수 있는 고급 포도주 생산을 목표로 다양한 노력을 기울이고 있다. 여전히 중국인들의 연회에는 바이지우^{白酒}가 주로 사용되며 일상에서는 값싼 맥주를 많이 마시지만, 드라마나 영화에서 포도주는 중상층 외식 문화의 상징으로 빼놓지 않고 등장하고 있으며 대도시 젊은이들을 중심으로 포도주 소비가 새로운 유행으로 자리 잡고 있다.

필자는 2012년 여름부터 2013년 하반기까지 중국의 포도주 산업에 대한 인류학 박사논문을 위한 현지조사^{fieldwork}를 수행하였다.[*] 이 글은 산둥성 옌타이를 중심으로 하여 중국 포도주 산업의 발전 과정을 대략적으로 소개하고, 포도주 산업이 중국의 지역 개발 정책에 있어서 차지하는 역할 및 농촌 사회에 미치는 영향을 고찰하고 있다. 또한 중국 포도주의 품질을 둘러싼 국내외의 평가들을 검토하여 앞으로의 발전 전망을 가늠해 보고자 한다. 논문 조사를 바탕으로 쓴 글이지만 학술적인 접근보다는 독자들이 포도주라는 특유의 상품을 통해 중국 산둥의 한 지역을 탐방하고, 포도주 생산의 현장을 통해 지역 사회의 변화를 생생하게 느낄 수 있도록 기술하였다. 아직 논문이 완성되지 않은 상태에서 일반 독자를 대상으로 글을 쓰는 것이 시기 상조일 수 있으나 이번 산둥성 학술답사팀의 출판 기획과 주제가 밀접하게 연관되어 있기에 미흡한 필력에도 불구하고 기고하게 되었다.

---

* 본 연구조사는 Wenner-Gren 재단 및 시카고대학교 사회과학대학의 학위논문 조사비 지원을 받아 이루어졌다.

옌타이는 중국 산둥성 북동부에 위치한 연안도시로 북쪽으로 발해^{渤海}, 동쪽으로 황해와 인접해 있어 일찍이 해상 교통의 중심지 역할을 해 왔다. 톈진조약(1858)에 따라 1862년 영국에 의해 개항되었으며 아직도 옌타이 해안 지역에는 영국, 프랑스, 독일 등의 관공서로 사용되었던 건축물들을 찾아볼 수 있다. 한국과도 거리가 가까워 1992년 한중 수교 이전부터 인근 웨이하이^{威海}와 더불어 한국 화교 무역상들에 의해 활발한 교역이 이루어졌던 곳이기도 하다. 2000년대부터는 조선(대우), 중공업(두산), 전자(LG) 등 많은 한국 기업들이 옌타이에 진출하면서 밀접한 경제적 협력 관계를 맺고 있다. 중국에서는 옌타이가 해안에 접해 있으면서 위도 상(37도) 프랑스 보르도, 미국 나파밸리 등 세계적 포도주 산지들과 비슷한 지리적 위치에 있어 포도주 생산에 적합한 지역으로 알려져 있다. 옌타이는 중국 정부에 의해 "국제 포도주 도시^{国际葡萄酒城}"로 지정되었고 매년 국제 포도주 박람회를 개최하며 중국 포도주 산업의 중심지로 그 입지를 굳히고 있다.

필자가 처음 중국의 포도주에 관심을 가지게 된 것은 2009년 여름 논문 예비조사 중 옌타이의 장위 포도주 박물관을 방문했을 때였다. 이 박물관에는 1892년 남양^{南洋} 화교 장비스^{张弼士}에 의해 설립된 장위 포도주 회사의 역사가 소개되어 있다. 장위는 당시 제국주의 상업자본의 침탈에 맞선 민족자본기업으로, 리훙장이 자금을 지원하고 황제의 재가를 받아 설립되었다.* 박물관에는 1912년 손문이 장위를 방문했을 때 남긴 "품중예천^{品重醴}

---

* Godley, Michael R. 1986. "Bacchus in the East: The Chinese Grape Wine Industry, 1892~1938." *The Business History Review* 60(3):pp. 383~409.

泉"*이라는 친필 휘호가 전시되어 있는데 이는 현행 고등학교 교과서에 실려 있을 정도로 민족자본의 애국주의적 성격에 대한 상징성을 지니고 있다. 동양에서 가장 오래되었다는 지하 와인 저장고에는 어른의 키를 훌쩍 넘는 오크통이 600여 개나 보관되어 있어 방문객들은 지하 공기 속에 배어 나오는 오크향에서 백 년이 넘는 시간의 무게감을 느낄 수 있다. 장위의 포도주는 1915년 미국 샌프란시스코에서 열린 파나마 태평양 엑스포에서 수상을 하기도 했으나, 1949년 중화인민공화국 성립 이후 중국의 포도주 산업은 오랜 침체기에 빠져 들게 된다.** 특히 1958년 대약진 운동의 실패 이후 식량난이 지속되자 곡물 생산량 확보를 위해 과수 생산을 엄격히 제한했으며 1970년대까지 포도주는 일반 시장에서 찾아볼 수 없게 되었다.***

1980년대 초반 덩샤오핑의 개혁개방 정책과 함께 중국의 포도주 산업도 새로운 전환기를 맞이하게 된다. 1980년 다이너스티Dynasty; 王朝가 프랑스 레미마틴Rémy Martin과 합작 관계를 맺어 포도주 생산에 들어갔고, 1983년 중국의 국영 식품기업인 종량中粮도 창청长城 ; 만리장성이라는 포도주 회사를 설립했다. 1987년 중국 정부는 바이지우 등 곡주로부터 포도주 등 과실주로 주류酒類 생산을 전환한다는 정책을 발표하면서 포도주 산업을 본격적으로 지원하기 시작했다. 1990년대 들어서 장위 역시 프랑스 카스텔Castel과의 합작 관계를 통해 과거의 명성을 되찾고 있다. 현재 옌타이 지역

---

* 品重醴泉: "품격이 장중한, 술 맛 좋은 샘물"이라고 해석할 수 있는데, 醴泉은 "禮記"에 나오는 "天降甘露, 地出醴泉(황제의 덕으로 인해 하늘에서는 달콤한 이슬이 내리고 땅에서는 술 맛 좋은 샘물이 솟는다는 뜻)"에서 인용된 것이라고 한다.

** Jenster, Per and Cheng, Yiting, 2008, "Dragon Wine: Developments in the Chinese Wine Industry." *International Journal of Wine Business Research* 20(3):pp. 244~259.

*** Kiellgre, Björn, 2004, "Drunken Modernity: Wine in China." *Anthropology of Food* 3:pp. 69~100.

Haina Wine Village is in the center of the wine city covering a land of 305 mus

2013년 옌타이 포도주 박람회에 전시된 포도주 국제도시 건설에 대한 홍보 영상

에 140여 개의 크고 작은 와이너리가 22,000헥타르에 달하는 포도주 생산 기지를 경영하고 있으며 산둥성은 중국 전체 포도주 생산의 40% 이상을 차지하고 있다. *

필자가 방문했던 2013년 옌타이 포도주 박람회에는 포도주 산업을 통한 지역개발에 관한 원대한 청사진이 전시되어 있었다. 전시 내용에 따르면, 2016년까지 옌타이 개발 특구에 포도주 국제도시를 건설할 계획인데 이를 위해 장위가 무려 60억 위안(한화 약 1조 5백억 원)을 투자할 예정이다. 옌타이시의 외곽 지역에 유럽식의 샤토 및 와이너리를 건설하고 국가 포도주 연구소, 국제 교역센터, 빌라형 주거지가 어우러진 종합 단지가 들어설 것이라고 한다. 그 밖에도 5성급 호텔, 식당가, 와인바, 스파 등 관광 시설뿐만 아니라 중세 고딕 양식의 교회 건물이 예식장으로 사용될 예정이다. 홍보

---

* Rozelle, Scott, Huang, Jikun, and Sumner, Dan, 2006, *Wine in China: A Report to the California Association of Winegrape Growers.*

동영상을 보면 마치 프랑스 남부의 도시 건축물을 통째로 옮겨 온듯하여 비현실적으로 느껴질 수 있으나 장위는 이미 베이징 외곽에 AFIP라는 유사한 와이너리를 건설하여 많은 관광객들을 유치하고 있다. 필자 역시 AFIP 투어에 참가한 적이 있는데 많은 중국 젊은이들이 와이너리의 이국적인 정취를 즐기고 있었으며 곳곳에 결혼사진을 찍는 커플들이 눈에 띄었다. 이와 같이 중국에서의 포도주 산업은 국가 차원에서 육성되고 있는 거대한 개발 프로젝트이고, 이 과정에서 종량, 장위, 다이너스티 등 국영 대기업들이 토지 사용권, 자금력, 유통망, 마케팅 채널 등 특권을 누리며 국내 포도주 시장의 절반 이상을 독과점하고 있다.* 중국 정부가 포도주 산업을 통해 기대하는 경제적 효과 중에는 관광 산업과의 연계가 큰 부분을 차지하고 있다. 최근 중국 농촌에서는 유기농을 비롯한 친환경 농업과 함께, 도시인들이 과일 수확을 체험하며 숙박을 할 수 있는 관광 프로그램인 이른바 "농지아러 農家乐"가 확산되고 있는데, 산둥 지역에서는 와이너리 酒庄들이 그 중심적 역할을 하고 있다. 옌타이에서 서쪽으로 차로 한 시간 정도 거리에 있는 펑라이 蓬萊까지 해안 도로를 따라 달리다 보면 광활한 포도밭과 유럽의 중세 고성 古城을 연상시키는 와이너리 건물들이 감탄을 자아낸다. 펑라이는 행정 구역상 옌타이시에 부속되어 있으며 여덟 명의 신선들이 노닐다가 바다를 건넜다는 봉래각 蓬萊閣이 유명한 관광 도시다. 펑라이에 위치한 쥔딩 君顶 와이너리에는 5성급 호텔, 골프 코스, 테니스 코트, 야외 수영장 등 최고급 시설들이 마련되어 있어 상류층 관광객들이 포도밭의 풍광을 배경으로 여유로운 휴가를 즐길 수 있다. 방문객들은 깔끔하게 차려 입은 가이드를 따라

---

* 장위의 경우 2005년 표면상으로 민영화되었으나 여전히 국가에서 상당한 지분을 보유하고 있으며 특히 산둥성 정부와의 긴밀한 협력 관계를 통해 사업을 확장해 오고 있다.

와인 제조 과정 및 지하 저장고를 관람하고 호수와 포도밭이 내려 보이는 발코니에서 쥔딩이 생산한 와인을 시음할 수 있다. 쥔딩은 종량에서 기존의 창청^{Great Wall}과 는 별도로 고급 와인을 지향하여 개발한 브랜드인데, 실제 쥔딩의 매장에서 판매되는 와인들은 병 당 한화 10만 원 이상에 판매되고

쥔딩 와이너리의 판매점에 전시되어 있는 고급 포도주들.
한 병에 한화 약 55만 원에서 180만 원까지 표기되어 있다.

있다. 심지어 2006년 쥔딩의 설립을 기념하기 위해 한정 생산되었다는 와인 은 병당 27,998위안(한화 약 5백만 원)으로 가장 비싼 가격이 매겨져 있다. 하지만 많은 와인 전문가들은 쥔딩의 와인 가격이 희소성과 브랜드 가치에 의해 부풀려져 있으며 실질적인 품질은 호주, 칠레 등 신세계 와인의 중저가 제품 수준 정도로 평가하고 있다.

중국의 포도주 산업은 중국 정부가 표방하는 이른바 "녹색 개발", 즉 자 연 환경을 보존하면서 지역의 경제적 이익을 창출하려는 개발 목표와도 밀 접하게 맞닿아 있다. 중국 지방에 우후죽순으로 들어서는 공장들로 인해 환경오염에 대한 문제가 심각해지고 있는 가운데, 포도주 산업은 경제적 이 익을 창출하면서도 친환경적이고 선진적인 "신농촌"을 건설할 수 있다는 장 점이 부각되었다. 또한 중국 정부는 포도주 회사들이 기업형 농업을 통해 농촌 토지의 생산성 향상을 가져올 것으로 기대하고 있다. 중국은 1980년 대 초 집단농장에서 농가생산도급책임제^{家庭联产承包责任制}로 전환되면서, 농 지 사용권이 마을 단위에서 각각의 농가로 (가족 수에 따라) 균등하게 분배

되었다. 이로 인해 소규모 자급자족식 농업이 고착되었고 기업형 농업으로의 발전이 저해되어 전반적인 농업 생산성 향상에 한계를 가져왔다.[*] 포도주 회사들은 대규모 농토에 대한 사용권 계약을 맺고 농민들을 고용함으로써 상품 작물 생산을 위한 효율적인 모델로 주목 받고 있다. 이렇게 선도적 역할을 하는 기업을 "룽터우龙头 기업"이라고 하는데, 이들은 지방정부와의 협력 속에서 여러 가지 혜택을 누리면서 정부 정책에 협력하기도 한다. 여타 농업 작물들에 비해 포도주는 고급화 전략과 관광 산업 연계 등을 통해 높은 부가가치를 추구할 수 있다는 점에서 기업들의 투자를 비교적 쉽게 이끌어낼 수 있었다.

한편 중국의 토지 제도는 포도주 회사들이 촌 단위와 집단적인 계약을 맺는 독특한 생산 방식을 채택하는 결과를 가져왔다. 촌민들에게 농지 사용권은 각각 부여되었지만 소유권은 여전히 촌 단위에 집체적으로 귀속되어 있기 때문이다. 이로 인해 포도주 회사는 촌 위원회와 장기적인 토지 사용 계약을 맺어 묘목 및 기술 지원을 해 주고 농민들이 생산한 포도를 정해진 가격에 수매하여 포도주 생산에 필요한 포도를 확보하게 된다. 이를 "승조반포承租返包" 제도라고 하는데, 농가는 기업의 요구에 따라 농작물을 재배하여 생산물 전부를 기업에 판매해야 하고 기업은 촌민들을 고용하여 합의된 가격에 농작물을 구매하는 쌍방의 의무를 지닌다.[**] 이러한 계약을 통해 포도주 기업들은 지역 농민들을 고용함으로써 기존의 농지를 상실한 농민들의 생계 문제를 해결해 주면서 농촌에 새로운 시설 투자 및 재배 기술

---

[*] OECD, 2006, *Agricultural Policy Reform in China-Policy Brief* (http://www.oecd.org/dataoecd/3/48/35543482.pdf)

[**] 장호준, "개혁개방 이후 중국의 농촌 토지제도 개혁: 토지도급경영권 이전(流转) 기제의 형성을 중심으로", 『중국연구』, 제52권(2011), pp. 561~587.

을 보급해 준다는 정부 정책에 부응할 수 있다. 승조반포 제도는 농업의 경영 규모를 확대하여 기업과 농가가 공동 이익을 추구할 수 있으면서도 농민들이 집체적 토지 소유권을 행사하고 있기 때문에 기업에 일방적으로 종속되지 않는다는 장점이 있지만, 실제 시행 과정에서 농민들에게 얼마나 이익을 가져올지에 대한 평가는 아직 지켜봐야 할 것이다.

앞서 언급한 펑라이의 쥔딩 와이너리 역시 포도주 회사와 촌 위원회, 농민들 사이에 "승조반포承租返包" 형식으로 토지 사용 및 고용 계약이 맺어져 있다. 쥔딩은 2000년 18개 촌의 약 8,000여 평방미터의 농토에 대해 20년간의 토지 임대 계약을 맺고 매년 촌 위원회에 단위 면직당 임대료를 지급한다. 각 촌 단위에서는 포도 재배를 희망하는 농가들의 신청을 받아 추첨 등의 방식으로 선정하여 쥔딩과 포도 재배 및 공급에 관한 계약을 맺었다. 기업에서는 포도 묘목, 비료, 농약 등을 공급하고 기술원을 통해 재배 기술을 보급하는 한편, 농민들이 재배한 포도를 무게 및 당도 등에 따라 가격을 매겨 수매한다. 포도 품종은 레드 와인인 까베르네 쇼비뇽赤霞珠, 멜롯美乐, 까베르네 게르니쉬트蛇龙珠 * 시라西拉, 화이트 와인으로 샤도네이霞多丽, 리슬링雷司令 등이 다양하게 재배되고 있다. 쥔딩 와이너리의 농지는 원래 수리 시설이 부족하여 대부분 밀, 옥수수, 수수 등 곡류를 재배하던 지역이었으나, 지방 정부에서 저수지 및 전기 발전기 등의 기반 시설을 구축하여 포도 재배가 가능하게 되었다. 촌 위원회 및 촌민들과의 계약에 있어서도 초창기에

---

* 까베르네 게르니쉬트(Cabernet Gernischt)는 까베르네 프랑(Cabernet Franc)의 기원종(起原種)으로 19세기 말 장위에 의해 중국에 도입된 이후 유럽에서는 병충해로 인해 멸종되었기 때문에 현재는 중국 특유의 품종으로 알려져 있다. 2013년 6월 박근혜 대통령의 중국 방문 당시 국빈만찬에서 장위의 까베르네 게르니쉬트가 건배주로 사용되어 관심을 끌기도 했다.

는 토지 계약에 대해 반대하는 사람들이 많았지만 지방 정부의 설득 작업과 압력을 통해 계약이 성립될 수 있었다고 한다. 필자가 비교 조사한 바에 따르면, 옌타이 지역의 다른 포도주 기업들도 유사한 방식으로 촌 단위와 토지 및 노동 계약을 맺고 있어 이것이 중국 기업형 농업의 한 유형으로 자리 잡고 있음을 알 수 있다. 중국에서 지방 정부와 기업에 의한 개발 사업으로 인해 농민들의 토지 사용권이 빈번히 침해당하는 가운데, 기업형 농업의 확대 과정에서 농민들이 지방 정부의 정책에 대한 반대 의사를 관철하는 것은 쉽지 않았을 것이다. 최근 몇몇 포도주 기업에서는 촌 단위와의 계약을 피하고 유휴 황무지를 정부로부터 임차하여 타지역 이주 노동자들을 직접 고용하는 경우도 있으나 아직까지는 소수에 불과하다. 또한 쥔딩을 포함한 일부 포도주 기업들이 농민들에게 기업의 이윤 배당권을 주는 "합작사^{合作社} 모델(주식합작제)"인 것처럼 선전되기도 하지만, 실제 현실과는 아직 괴리가 있으며 중국 농촌의 이상적인 미래상으로 제시된 것이라 이해하는 편이 타당하다.

쥔딩과의 계약이 10여 년 지난 지금, 포도주 산업이 농촌 마을에 미친 영향에 대한 평가는 복잡하게 엇갈려 있다. 일단 표면적으로는 포도주 기업들이 촌민들을 계약 농민으로 고용했기 때문에 그들이 도시로 진출하지 않고도 농촌에서 임금 노동자로 안정적인 수입을 얻을 수 있다는 장점이 있다. 더불어 지방 정부에서 수리 시설에 집중적인 투자를 해 주었기 때문에 포도 재배지 이외에서도 농민들은 사과, 복숭아, 식용 포도 등 과수 재배가 가능해졌다. 포도주 회사가 농민들에게 보급한 농약 및 비료 사용법과 질병 예방법 등이 다른 과수 재배에도 응용되어 상품 작물 생산의 수준도 전반적으로 향상되었다. 포도주 회사에서는 토지가 촌 단위의 소유이기 때

쥔딩 와이너리의 포도밭 너머로 보이는 현대식 호텔과 와이너리 건물

문에 최대한 농민들의 자율권을 보장하려 노력한다고 한다. 실제 계약 농가의 선정, 농지의 위치 및 면적 분배 등은 각 촌 단위에서 자치적으로 결정되며 계약의 승계 역시 촌민들 사이에서 자율적으로 이루어지고 있다. 또한 촌민들 외에 외부 농민을 계약 농가로 대체할 수 없기 때문에 관리자 입장에서는 촌민들이 적절한 동기부여를 가지도록 신경 쓰지 않을 수 없다. 즉, 촌민들 중 노년이거나 생산성이 떨어지는 계약 농가를 임의로 해약하고 외부 인력을 충당하기 어렵기 때문에 경제적인 관점에서만 보면 노동 생산성을 극대화하는 데에 여러 가지 제약이 따르는 것이다. 포도주 회사에서는 계약 농가들에게 생산량과 당도 등에 따라 인센티브 및 페널티를 적용하여

향상된 품질의 포도를 생산하도록 유도하고 있다. 하지만 최근 몇 년간 옌타이 지역에서의 사과 수매 가격이 급등하면서 사과 농가에서의 임금도 함께 상승한 데 비해, 포도주 회사가 계약 농가에 지불하는 임금은 그 상승세를 따라가지 못하고 있는 실정이다. 이러한 상황에서 계약 농가들은 포도 재배에 대한 노동 투입을 줄이고 남는 시간에 인근 사과 농장에서 일당 벌이를 하기도 하는데, 이에 대해 관리자들 역시 촌민들에게 어느 정도 배려를 해 주면서 협조를 이끌어내는 것이 최선이라고 설명한다. 필자가 면담한 쥔딩의 한 관리자는 "촌민들과의 조화^{和谐} 없이 품질 좋은 포도 생산은 불가능하다"라는 말로 이 같은 고충을 토로하기도 했다.

반면 촌민들 입장에서 볼 때 가장 큰 불만은 마을의 상당 부분 토지가 20~25년이라는 장기 임대 계약으로 포도주 기업에 의해 점유 당했다는 점이다. 계약 당시에는 대부분 밀, 옥수수, 수수 등 상품성이 낮은 곡류 재배지였기 때문에 토지 임대료가 낮게 책정되었고 계약 농가의 임금도 당시 시장 가격에 따라 결정되었기 때문에 촌민들의 반대가 그렇게 강하지는 않았던 것으로 보인다. 하지만 지난 10여 년간 이 지역의 경제 상황은 급격히 변화해 사과 등 과수 농업으로 적지 않은 수익을 올리는 농가들이 늘어났고, 포도주 기업과 대규모 농지에 대해 계약을 맺은 마을들은 상대적인 박탈감을 느낄 수밖에 없었다. 곡류 가격, 토지 임대료, 농촌 노동력 등의 시장 가격은 급격히 상승하는데 비해 포도주 회사와 계약을 맺은 마을의 수입 증가는 그 상승폭에 미치지 못했기 때문이다.* 2011년 겨울에는 이 지역의 일부 포도 재배지가 냉해를 입었지만 회사는 즉시 복구하지 않고 계약

---

* 필자가 예비조사를 했던 2009년에만 해도 하루 8시간 기준 농업 일당이 50~60위안이었지만 2012년 기준으로 100위안을 넘어섰으니 3년 만에 무려 두 배 가까이 오른 셈이다.

농민들이 밀이나 옥수수를 심어 부수입을 남기도록 방치해 오고 있다. 최근 들어 신장新疆, 닝샤宁夏 등 중국 서부 지역에서 값싸고 질 좋은 포도들이 공급되고 있는 반면, 옌타이 지역의 인건비 상승으로 인해 추가 투자를 망설이고 있는 것이다. 20년 이상의 장기 계약으로 인해 농민들은 사과, 복숭아 등 채산성이 훨씬 더 유망한 과수 농업으로 전환하기 어렵고, 포도주 회사에서는 외부의 값싼 노동력으로 대체할 수 없기 때문에 서로 불만족스러운 상황에서 타협과 조정의 관계를 유지할 수밖에 없는 실정이다. 결국 산둥 지역에서의 포도주 산업이 정부 주도의 농촌 개발 사업과 연계되어 추진되면서 국영 포도주 기업들은 시장에 대한 충분한 예측 없이 대규모의 토지 계약을 특권적으로 확보하였고 동시에 촌 단위의 토지 사용권 및 의사 결정권을 보장하는 정치적 정당성까지 고려하다 보니, 시장의 변화에 능동적으로 대응하기 어려운 상황에 처하게 된 것이다.

앞서도 언급했지만 고급 브랜드를 표방한 쥔딩을 포함하여 장위, 종량 등 중국 포도주 회사들의 고급 와인은 병당 300~500위안(한화 약 6~10만 원) 이상의 높은 가격이 책정되어 있으며 명절 때는 고가의 선물 세트가 대량으로 판매되고 있다. 하지만 필자가 베이징에서 만나본 포도주 잡지 기자, 소믈리에, 유통업자 등 중국의 포도주 전문가들은 이 같은 고가의 중국산 포도주에 대해 회의적인 의견을 가지고 있었다. 아직 중국의 소비자들은 포도주의 품질을 제대로 판별할 정도의 미각을 가지고 있지 못하기 때문에 국영 업체의 브랜드 가치에 의존하여 구매 결정을 한다는 것이다. 또한 정부 단위 및 기업의 대량 선물세트 구매团购나 대형 호텔, 식당 등에 대한 공급 등 여러 유통망을 국영 포도주 회사들이 장악하고 있기 때문에 일종의 독점 현상이 나타나고 있다. 실제 2012년에 "포도주 평론"이라는 한

잡지사에서 국내외 포도주 전문가들을 초빙하여 중국산 고급 포도주들에 대해 블라인드 테이스팅^{blind tasting}을 실시했는데 장위, 종량 등 대형 업체들의 포도주들이 닝샤, 신장, 허베이 등의 중소 업체들의 우수 포도주들보다 낮은 평가를 받아 화제가 되기도 했다. 전문가들 사이에서는 국영 업체들의 고급 포도주들이 칠레, 아르헨티나 등 남미에서 수입된 포도주 원액^{bulk wine}을 섞어 만들었다는 소문이 거의 기정사실처럼 여겨지고 있을 정도다. 중국의 많은 포도주 전문가들은 대형 국영 업체들이 포도주 자체의 품질보다는 관광 시설, 마케팅, 업계 로비 등을 위해 훨씬 더 많은 투자를 하고 있다고 비판하고 있다. 중국의 포도주 시장은 중국산뿐만 아니라 수입 포도주 역시 위조 제품에 대한 의혹이 끊임없이 제기되고 있는 혼란스러운 상태라고 할 수 있다. 중국의 부호들 사이에서 폭발적인 인기를 끌고 있는 샤또 라피트 로칠드(Chateau Lafite Rothschild, 중국어로는 拉菲;라페이)의 경우 중국 유통 물량의 90프로 이상이 가짜일 것이라는 관측이 설득력을 얻고 있으며,* 심지어 가짜 와인을 만들기 위해 유럽에서 고급 와인의 빈 병들을 수입하는 것이 하나의 사업으로 자리 잡았다고 한다. 이는 중국 소비 시장에서 포도주의 브랜드 가치와 실제 품질 사이의 합리적 관계가 아직 안정적으로 형성되지 않았다는 방증이기도 하다.

전문가들이 지적하는 중국 포도주 생산의 가장 큰 문제점은 단위 면적당 포도 생산량이 너무 많다는 것이다. 더 많은 포도를 생산하기 위해 농민들은 질소 비료를 과다하게 사용하여 성장을 촉진시키는데 이로 인해 과실이 튼실하지 못하여 병충해에 약하고 수확기에 충분히 당도가 높아지기 전에

---

* 와인 업계의 관측에 따르면, 2011년 기준으로 약 5만병의 라피트가 중국에 공식 수입되었는데 매년 중국에서는 1백만 병 이상의 라피트가 소비되는 것으로 집계된다고 한다.

포도 수확 시기에 포도주 회사 관리자가 계약 농민에게 주의 사항을 알려주고 있다.

포도가 물러지는 문제가 발생한다. 한국과 마찬가지로 여름 장마철의 우기로 인해 병충해에 취약한 기후는 문제 해결을 더 어렵게 한다. 결국 부족한 당도를 보충하기 위해 포도주 제조 과정에서 첨가물을 혼합하게 되고 포도주의 전체적인 품질은 떨어질 수밖에 없다. 필자가 조사한 바에 따르면, 옌타이 지역에서 포도주 회사가 직접 관리하지 않는 재배지의 일반 농민들은 1무畝당 (약 667 평방미터) 약 1,500~2,500kg 정도의 포도를 생산하는데 이런 포도들은 저가 와인들을 생산하는데 공급된다. 반면 포도주 회사에서 계약을 맺고 관리하는 재배지에서는 1무畝당 500~800kg으로 생산량을 줄여 당도가 높은 포도를 생산하려 노력하고 있다. 하지만 당도를 높이기 위해 포도 수확 시기를 늦추는 만큼 포도 수확량은 줄어드는데 그에 대한 보상이 크지 않기 때문에 계약 농민들은 큰 손해를 보지 않기 위해 서둘러 수확을 하려는 성향을 보인다. 이로 인해 포도 수확기가 되면 포도 당도와 수확 시기를 놓고 관리자들과 계약 농가들 사이에 종종 신경전이 벌어지곤 한다. 지방 정부의 공무원들이나 포도주 회사 관리자들은 농민들이 "마오毛泽东시대의 옛 사상老思想"에 젖어 있어 생산량 위주의 사고방식을 벗어나지 못한다고 비판하기도 하지만, 실제로는 수확 시기를 충분히 견딜 수 있는 기술력과 그에 합당한 포도 구매의 단가에 더 큰 문제가 있는 셈이다.

2012년 필자가 펑라이에서 면담한 바롱 드 로칠드社의 프랑스인 기술자인 제라드 콜린씨는 좋은 품질의 포도주 생산을 위해서는 1무당 포도 생산량을 200~250kg까지 줄여야 하고 이를 위해서는 포도주 회사가 농민들에게 1kg당 10위안 이상의 수매가를 지급해야 하는데 현재는 1kg당 4위안 이하에 그치고 있다고 지적했다. 그는 중국의 포도주 회사들이 구매 단가를 높여 포도 품질을 높이는 것보다는 외국에서 수입한 와인을 혼합하여 파는 것이 경제적으로 더 이익이라 판단하고 있는 것 같지만 장기적으로 볼 때 현명한 선택은 아니라고 꼬집어 말했다. 콜린씨는 2006년부터 펑라이 지역에 로칠드의 포도주 생산지 개발을 위해 일해오고 있는데 중국 회사들과는 달리 오랜 시간을 두고 토양을 분석해서 장기적인 관점에서 포도 생산에 접근하는 모습이 인상적이었다. 산도, 미네랄, 수분 등 토양 분석에만 2~3년이 걸렸으며 토질의 특성에 따라 적합한 품종을 재배하고 있다. 2013년에 포도주 생산을 처음 시작하겠지만 포도나무가 제대로 성숙하여 좋은 포도주를 생산하려면 최소 10년은 걸릴 것으로 내다보고 있었다. 생산 규모도 450무亩 정도의 소규모로 시작하여 일정한 실험 과정을 거쳐 생산된 포도주의 품질을 검토한 뒤에 점진적으로 확대해 나갈 계획이다. 중국에서 가장 인기 있는 라피트의 모기업인 로칠드社라면 그 브랜드 파워만으로도 중

산둥 펑라이의 한 시골 마을에 위치한 바롱 드 로칠드社의 표지석

국에서 생산한 포도주를 곧 바로 고가에 판매하는 데에 문제가 없을 텐데도 콜린씨는 시골의 작고 허름한 사무실에서 조심스럽고 느긋하게 작업하고 있었다. 반면 펑라이시에서는 이미 이곳을 중국의 라피트 생산지가 될 것처럼 홍보하고 있으며 관광 시설로 개발하기 위해 벌써부터 인근 촌락들의 가옥을 개조하고 도로, 하천을 정비하는 모습이 대조적이었다.

중국이 포도주 산업의 고급화를 위해 본격적으로 투자한지 10여 년 남짓 지났다고 볼 때 아직 가시적인 성과를 기대하는 것은 어렵다고 볼 수 있다. 필자가 인터뷰한 산둥 지방정부의 공무원들이나 포도주 회사 관리자들도 위에 언급된 문제점들에 대해 인정하면서 아직은 과도기적인 단계이며 점진적으로 개선될 것이라 기대하고 있었다. 그들은 주어진 여건 속에서 계약 농민들의 처지를 배려하면서 포도 품질의 향상을 위해 성실한 노력을 다하고 있었다. 하지만 현 시점에서 볼 때, 애당초 지방 정부와 대형 포도주 기업들이 포도를 심자마자 바로 고급 포도주를 양산할 수 있을 것처럼 자신하고 대규모 생산 기지를 건설하여 관광 사업으로 수익을 올리려고 했던 계획이 각종 난관에 봉착해 있다. 정부 주도하에 진행된 대규모 생산 기지 건설이 농촌의 개발사업과 연계되다 보니 시장 논리에 유연하게 대처하지 못하고 있는 것이 가장 큰 문제다. 양질의 포도주 생산을 위해 필요한 것은 유럽풍 건축물들이 아니라, 기업과 농민이 10년 후를 내다보고 토양과 포도에 노동과 시간을 투자할 수 있는 신뢰관계의 형성이며 이는 하루아침에 이루어질 수 없는 사회 전반적인 제도의 변화를 요구할 것이다. 중국의 포도주 전문가들은 오히려 최근 국제 포도주 품평회에서 수상작을 배출하고 있는 닝샤, 신장 일대의 중소 민영 와이너리들에 대해 더 큰 기대를 걸고 있으며, 필자 역시 산둥 지역의 생산 모델과 비교 연구의 대상으로 주목하고 있다. 향후 지방 정부 주도의 대규모 생산 기지와 민간 자본의 중소 업체들이 고급 포도주 생산이라는 목표를 놓고 벌이게 될 경쟁은 중국의 농촌 경제체제 변화에 대해 흥미로운 관점을 제공해 줄 것이다.

•••••••••••
쩡링(鄭玲)·찐징위(金京玉)

평안북도 태천군에서
산둥성 웨이하이까지[*]

최근 인구센서스자료에 의하면 2010년 중국 산둥성^{山東省}에는 조선족 61,556명이 상주하고 있다. 이는 총 조선족 인구의 3.36%를 차지한다[**]. 현재 산둥성에 상주하는 조선족들은 몇 세대 전에 이들의 조상들이 여러 가지 이유로 조선반도에서 건너와 중국 동북삼성에 뿌리내린 사람들의 후손이다. 이들 대부분은 1990년대 이후 개혁개방의 물결을 따라 동북삼성의 울타리에서 벗어나 연해도시로 진출했다.

우리 가족도 할아버지세대 때 평안북도 태천군에서 만주로 이주하여 중국 지린성^{吉林省}에서 근 50년을 살다가, 개혁개방 이후 산둥성 웨이하이시^{威海市}로 이주하여 20년 넘게 살면서 현재 제5세대를 이어가고 있다.

---

[*] 이 글은 저자들이 현재 산둥성 웨이하이시에 거주하고 있는 김영희(여, 58세, 조선족 제3세대)의 구술을 정리한 것이다(구술일 2013.9).

[**] 2010년 제6차 인구센서스 자료에 의하면 2010년 중국 국경 내에 상주하는 조선족인구는 1,830,929명이다.

:::조선족 제1세대

나^{김영회}는 아버지^{김일태}를 일찍 잃어 할아버지^{김춘추}에 관한 이야기를 많이 듣지 못했기에 할아버지가 정확히 언제 중국으로 건너왔는지 모른다. 이제는 그 세대 어르신들이 모두 별세하여 물어볼 곳도 없게 되었지만 들은 이야기들을 더듬어 추측해보면 할아버지가 만주로 건너온 시기는 아마도 1930년 전후일 것이다.

어린 시절 아버지께 들은 이야기를 되새겨보면 일제강점기 때 할아버지처럼 중국으로 건너온 조선족 제1세대들은 거의 기아를 피해 정든 조선 땅을 떠나 만주로 건너 온 것이다. 그때 건너온 조선인들은 압록강을 건너 샘물만 있는 곳이라면 한두 집씩 모여 오두막을 짓고 황무지를 개간하였다. 그리고 연명만 할 수 있으면 고향에 기별하여 일가친척과 친구들을 불렀다. 이렇게 조선인들이 하나둘씩 모여들어 조선인의 마을이 만들어지고 살기 좋다고 소문이 나면 더욱 많은 조선인들이 모여 들었다. 현지 지주들은 조선인들에게 새로 개간한 황무지는 3년 동안 소작료를 받지 않는다는 조건으로 황무지를 내주어 옥토로 만들게 했다. 그러나 3년이 지나면 그 땅에 세를 부과하여 조선인을 소작농으로 전락시켜 계속 벼농사를 짓게 하였다. 잡곡이 위주이던 만주의 지주들은 조선인들이 만들어 낸 쌀 맛을 즐겨 조선인 소작농을 환영했다. 그리하여 만주로 건너온 대부분 조선인들은 연명은 가능했으나 자기 소유의 땅은 별로 없었다.

아버지의 말씀에 의하면 할아버지는 평안북도 태천군에서 젊은 시절을 보낸 감 농군이었는데 할아버지의 고향이 땅이 척박한데다가 연이어 가뭄이 들어 굶어 죽는 사람이 부지기수였다. 그리하여 일찍 상처^{喪妻}한 할아버지는 대 기근을 피해 얼마 안 되는 세간을 거두어 지게에 지고 증조모와 두 고모, 아홉 살인 아버지를 이끌고 살 길을 찾아 압록강을 건넜다. 만주에 들어와 살기 좋다는 곳을 여기저기 떠돌던 중 할아버지는 지린성의 영신이란 곳에 정착하게 되었다. 당시의 영신은 조선인들이 많이 모여들어 하나의 농장을 이루고 있었는데 한때는 영신농장永新農場이라 하면 모르는 사람이 없을 정도로 흥성했다. 그 후 중국의 해방 전야에 세력이 있던 조선의 유지 인사들이 한국으로 돌아가면서 나머지 조선인들도 뿔뿔이 흩어져 농장도 한산해 졌다.

우리 외가의 경우, 외할아버지이군일는 강원도 출신으로서 젊은 나이에 일찍 중국에 건너와 독립 운동에 참여하고 개명운동에 앞장선 분이라고 들었다. 또한 외할아버지는 민족혁명당의 최고기관인 중앙집행위원회 위원이었고 영신에서 활약했던 이관일의 친척이 되는 것으로 봐서 외가 일가는 그 지역의 조선 민족독립운동의 중요한 인물들 일 것이다.

외할아버지는 당시에 마르크스, 레닌주의 성질을 띤 (M-L)〈엠-엘〉당이란 진보당의 일원이었다고 전해지기도 하고, 그 시기에도 언제나 반듯한 양복에 반짝이는 구두 차림이었다고 한다. 그는 다섯이나 되는 딸자식에게도 글을 가르쳤는데 이는 1920년대의 중국 땅에서는 흔치 않는 일이였다. 덕분에 당시 혼란스러운 만주에서 태어난 우리 어머니도 일어, 중국어, 한국어 모두 능했고 농사가 주업인 시골에서도 도도하게 책을 안고 살아 올 수 있었다.

외할머니목영란에 관해서는 정확히는 알 수 없지만 마적馬賊 떼들이 살판 치는 험악한 환경에서도 남정네들의 구국 운동을 도와서 연락원連絡員의 역할을 한 것으로 알고 있다.

전해진 이야기 조각들을 맞추어보면 김씨 가문의 제1세대의 이야기는 아주 흥미로웠을 것으로 추측되지만 중국에서 꼬리에 꼬리를 무는 정치운동의 이유로 제1세대들의 이야기는 아쉽게 후손들에게마저도 숨겨야만 했기에 소중한 사연들은 안개처럼 사라질 수밖에 없었다.

:::조선족 1.5세대

아버지 세대의 두 고모^{김화실, 김화실}와 아버지는 중국 태생이 아니라 평안북도 태천군 에서 태어났다. 두 고모와 아버지는 아버지가 아홉 살 때 할아버지를 따라 만주 땅으로 들어와 여기저기로 떠돌아다니다가 중국 지린성의 영신이란 곳에 정착했다. 두 고모는 대부분의 일반 조선인 여성들처럼 조선인 농사군에게 시집을 갔고 결혼 후에도 평생 농사를 짓고 살았는데, 일생을 지린성 대수하^{吉林省大綏河}라는 시골에서 이사도 한번하지 않고 살았다.

그러나 아버지는 김씨 가문의 삼대독자로 태어나 어려서부터 유난히 총명했던 터라 가내에서 금지옥엽으로 떠받들려 자랐고, 할아버지는 그런 아버지가 아까워 째지게 어려운 살림에도 일 대신 글공부만 시켰기에 아버지는 영신의 조선인 농업중학교*를 수석으로 졸업할 수 있었다. 그러나 아버지는 공부는 잘 했으나 삼대독자로 온 가족의 총애를 독차지 하다 보니 헴은 늦게 들었고 중국 전통 놀이인 마작^{麻將}에 빠져 있었다. 이런 아버지를 위해 할아버지는 아버지가 열아홉 세 되던 해에 조선 평안북도에서 아버지

---

* 독립당 당원이었던 이관일 등이 영신에서 조선인 청년인재들을 배양하기 위해 세운 학교라고 전해진다.

보다 두 살 연상인 규수를 데려와 정혼을 시켰다. 그 아내는 아주 현숙하여 아버지를 자식 돌보듯 했으나, 그런 아내가 둘째 딸 해산때에 난산으로 죽어 가는데도 아버지는 마작에 흠뻑 빠져 할머니가 아무리 호출을 해도 요지부동이었다.

그러던 와중에 아버지가 살던 곳에 무서운 전염병인 장질부사^{장티푸스}가 돌았는데 아버지가 누이 네 집에 갔다가 돌아오니 장수 같던 할아버지와 젊은 아내가 이미 세상을 하직하고 말았다. 나의 고모 말씀으로는 아버지의 첫 아내는 얼굴은 수수해도 마음이 착하고 현숙하여 죽은 뒤 묘지에서 해당화가 만발하여 동내 사람들을 울렸다고 한다. 설상가상으로 얼마 지나지 않아 어린 두 딸도 홍진으로 세상을 떠나니 일 년에 식구를 넷이나 묻은 뒤로 아버지는 헴이 들어 가족이 소중한 것을 알았다.

그 후 아버지는 스물여덟에 다시 재혼하였는데 그 때 나의 어머니가 지식 있는 남자를 선호하여 처녀 몸으로 홀아비인 아버지에게 시집을 갔다.

신 중국 건국이후 아버지는 농촌교사직을 맡았는데 몇 년에 한 번씩 조동을 했고* 아버지가 근무하는 학교는 대체로 비슷했다. 내가 다섯 살 되던 해(1960년)에 아버지가 영길현 이라씨^{永吉縣 一拉溪, 지명}라는 작은 시골마을의 학교로 조동되었을 때, 학교는 초라한 흙집 몇 채에 초가 삼 간 한 채로 구성되었고, 두 명의 선생님이 스무 여 명의 학생을 가르쳤다. 학교는 시설과 교사가 모자라서 하나의 교실에 두개 학년씩 복식수업을 하였다. 살던 마을은 작은 저수지를 하나 끼고 벼농사를 하는 자그마한 조선족 동네였고 중국 전역에 대약진 운동^{大躍進運動}이 거세게 불어 양식이 부족했다. 동네 사람들은 동네를 단위로 노동을 하고 밥은 동네를 단위로 동네집체식당에서

---

* 당시 교사는 국가 간부에 속하기에 몇 년에 한번 씩 근무지를 옮기는 제도가 있었다.

배분해주는 만큼 먹었다. 그 때 마침 대기근 때라 동네사람들은 양식이 부족하면 푸성귀, 옥수수 대와 볏짚, 콩깍지까지 가루를 내어 먹었는데 연세 많은 어른들과 어린 애들은 뒤를 보지 못하여 부종으로 숨지는 일도 많았다. 겨우 살아남은 사람들과 가축들은 여위어 거릅대처럼 말라 뼈만 앙상하였다.

1966년 이후 문화대혁명 시기 때 아버지는 중화인민공화국이 건립되기 전에 조선독립당원인데다가 지식이 있어 해방 전에 잠깐 국민정부의 통역 및 비서직을 맡았던 것을 인민들에게 자백하지 않았다는 이유로, 숨어 있는 역사 반혁명 분자歷史反革命分子로 몰렸다. 다른 한편 우리 어머니는 외할아버지가 해방 전에 집과 토지가 조금 있었던 이유로 토지 개혁 때 중농中農*으로 계급을 획분 받았었는데 "가진 것이 없을수록 영광스러운" 그 때에는 그것 역시 죄가 되었다.

그래서 문화대혁명이 시작한 후로 아버지는 평생 애착을 가졌던 교직에서 쫓겨나 생산대生産隊에서 아침에는 일찍 일어나 동네 화장실을 청소하고 낮에는 소 외양간 일을 강요당했다. 저녁에는 빠짐없이 투쟁 대회가 열렸고 나의 아버지와 동네의 다른 아저씨(훗날 나의 시아버지가 됨)는 목에 개패를 걸고 허리를 90도로 꺾고 고개를 숙여 비판받아야 했는데 동네 조무래기들이 모여들어 얼굴에다 침을 뱉고 돌을 던지며 모독을 해도 반항 할 수가 없었다. 투쟁대회가 끝나면 손틀로 가마니 열장씩 짜서 이튿날 아침에는 생산대生産隊에 바쳐야 했는데 집 주위에는 보초꾼들이 집 식구들이 도와주지 못하게 지키곤 하였다. 집안의 모든 벽에는 살기어린 대자보가 덕지덕

---

* 빈농(貧農)과 부농(富農) 사이의 농민계급이며 개인소유의 토지, 가축, 생산도구가 있고, 소득은 가족구성원의 노동에 의거하는 계급.

지 붙어졌고, 마당에는 아버지, 어머니를 모독하는 표어標語를 얼음으로 얼어 붙여 식구들에게 밟고 다니게 했다. 그때 우리 마을 한 아주머니는 학대에 못 이겨 약을 먹고 화장실에 몸을 던져 자살하는 일이 벌어졌는데 우리는 아버지도 죽음을 택할까봐 늘 노심초사하면서 지냈다.

그 시기에는 베게머리에서 소근 거린 말이 새어나와 본의 아니게 반혁명으로, 우파분자로 몰려 투쟁 받은 사람도 있었고 계급의 적으로 몰린 배우자와 이혼한 부부도 많았지만 어머니는 십년이나 이어진 문화 혁명의 동란 시기에도 매일 밤늦도록 투쟁 받는 아버지를 위해 귀한 영양식품들을 남몰래 구해다가 대접하군 하면서 아버지의 옆을 지켜주었다.

드디어 1976년 문화대혁명이 끝나고 좋은 세상이 찾아들었으나 병석에 누운 아버지는 3년을 앓다가 세상을 떠났다. 그 후 원래 다병한 어머니는 기독교에 정신을 의탁하여 긴긴 30년을 홀로 보내다가 82세에 세상을 떠났다.

:::조선족 제3세대

나는 이남이녀로 형제가 네 명이었는데 모두 건국초기의 찢어지는 가난과 문화대혁명의 정치적 탄압 속에서 성장하였다. 1958년 아버지의 봉급은 28원뿐이었고 집에 농사할 수 있는 노동력은 어머니뿐인데 어머니가 장기 환자로서 노동을 할 수 없으니 생산대에서는 양식을 충분하게 배급해 주지 않았다. 아버지의 28원 봉급으로 어머니의 약값을 지불하고 나면 남는게 별로 없었다. 어머니가 병원에 입원 할 때는 여덟 살인 언니가 한 돎도 채 안

된 동생을 업고 동네에 젖동냥을 하기도 했다. 우리 형제들은 주린 배를 채우기 위해 어릴 때부터 수업이 끝나기 바쁘게 바구니를 들고 들로 나가 먹을 수 있는 것들을 채집하여 끓여 먹었고 나는 일곱 살 때부터 언니^{김영숙}, 오빠^{김영민}를 따라 산에 나무하러 다녔고 저녁이면 등잔불을 켜 놓고 아버지와 언니가 가마니를 짜는 뒷구석에서 새끼를 꼬았다.

1966년 문화대혁명이 일어나 아버지가 역사 반혁명으로 찍히자 우리형제들도 봉변을 면치 못하였다. 나의 언니는 성적 일등으로 초등학교를 졸업했지만 반혁명분자의 자녀이기에 중학교는 꿈도 꿔보지 못하고 열네 살 어린나이에 일터로 보내졌다. 언니는 아버지와 계선을 가르라고 강요당했고 누구도 가기 싫어하는 저수지공사장에 보내져 장정들과 떵떵 얼어붙은 흙덩이를 날라 한겨울 칼바람에 얼굴에 퍼렇게 피멍이 들어 있었다. 그래도 워낙 예쁜 미모에 일도 잘 하고 마음씨가 착해서 인기는 만점이었다. 그러던 어느날 당지부서기^{黨支部書記}가 중매자를 시켜 그의 친척집 총각^{형부, 박상기}을 소개해주면서 군대에 갔던 사람이고 공산당원이면 일등 신랑감이니 정치적으로 문제가 있는 집안에서는 고려할 필요도 없이 동의하라고 강요하였다. 그래서 언니는 열아홉 살에 집안의 정치적 억압을 조금이라도 덜어주기 위해, 아버지의 보호막이나 될까 싶어 아홉 남매를 가지고, 시 할머니까지 계시는 대 가정의 맏며느리로 시집을 갔다. 그러나 형부는 이상적인 남편감은 아니었다. 오죽했으면 동네 사람들이 장미꽃이 소똥에 꽂혔다고 비유했을까? 결국 세상이 좋아진 오랜 훗날 언니는 농사일을 그만두고 여동생 네의 사업을 도우러 산둥성 웨이하이시에 이사 가서는 독실한 기독교 신자가 되어 하나님께 정신을 기탁하여 살다가 55세에 불치병으로 이 세상을 떠나고 말았다.

나의 남동생^{김영하}은 어렸을 때부터 영양부족으로 몸이 비실비실했으나 유난히 총명했고 손재주가 뛰어나 붓글씨와 그림에 능해 화가의 꿈을 꾸었다. 그러나 문화혁명이 시작되면서 공부도 할 수 없고 밤낮 반혁명자녀라 왕따에 괴롭힘까지 당하니 눈물 마를 새가 없었다. 그때 당시 동네 바보들도 가입할 수 있는 홍위병조직^{紅衛兵組織}에 우리 남매들은 정치적인 자격이 없어 가입할 수 없었다. 하여 남동생은 어릴 때부터 늘 풀이 죽어 축 쳐져 다녔는데 성장하면서 소극적인 심리가 만들어졌다. 그러던 중 칠십 년대 후기에는 〈수업을 회복하면서 혁명하자〉라는 당 중앙의 지시에 따라 오전에는 수업하고 오후에는 농장일을 시켰는데 동생은 총명히여 공부를 씩 잘했는데 1등으로 고등학교를 마칠 수 있었다.

그러나 그때는 대학에 가려면 성적과는 상관없이 우선 정치배경이 좋아야하고 다음으로 사상품질^{思想品質}이 좋아서 반드시 빈하중농^{貧下中農}들의 추천을 받아야만 되는데, 우리 집은 역사반혁명자의 집안이기에 동생은 고등학교를 졸업하자 바로 농촌으로 하방 되었다. 몸이 약한 동생은 좌골 신경통과 풍습 관절염으로 허리와 다리를 절면서 자작으로 무릎에다 쑥뜸을 하루에 50장씩 뜨면서 논판에 나가 무거운 모짐을 지개로 져 날라야 했는데, 힘이 약해 넘어지면 논두렁을 벌벌 기어 다녔는데 그 때마다 쑥뜸 자리에서는 피고름이 흘러내리곤 하였다. 썩어가는 신체로 꿈 한번 펼쳐보지 못하고 평생을 농촌에 처박혀야 할 생각만 해도 앞날이 캄캄해진 동생은 절망 끝에 집을 떠났다.

며칠 후 동생은 공안국^{公安局, 경찰국}에 잡혔는데 살길을 찾아 소련으로 탈출하려다가 실천하기도 전에 같이 도주하려고 했던 사람의 고발로 체포되었다. 그 때 당시는 임표^{林彪}가 소련으로 탈출하는 도중에 외몽골 우두얼

칸 근처에서 비행기가 추락하여 전원이 몰사한지 얼마 안 되는 때라서 전국이 초긴장상태에 있었는데, 동생도 소련으로 향하려 했으니 엄중하게 다스릴 것이 번했다. 결국 동생은 일 년 구치소에 갇혀 있다가 현행반혁명분자 現行反革命分子의 죄명으로 5년 판결을 받았다. 동생은 교도소에서 3년 옥살이 끝에 4인 무리 四人幇가 숙청되고 억울한 안건들을 바로 잡을 때 무죄석방될 수 있었으나 감옥 생활은 그를 완전히 폐인으로 만들어 놓았다. 동생은 신경이 완전히 망가져 독한 알콜로 달래지 않으면 잠을 이룰 수 없어 매일 60도 넘는 고량주를 지니고 살았고 잠이 들면 밤새 헛소리하면서 술만 마시면 광중을 부렸다. 게다가 아버지까지 문화혁명과 계급투쟁의 후유증으로 반신이 마비되어 드러누운 상황이라 동생의 처지는 가긍하기 짝이 없었다. 다행히도 헌 짚신도 짝이 있는 것처럼 동생에게도 마음씨 착한 처녀 동생 댁, 이분녀가 불쌍히 여겨 시집을 와 주었다. 이런 아내를 끔찍이도 고마워하면서 아끼던 동생은 농사일과 자영업을 하다가 2000년에 산둥성 웨이하이 시에 이주하여 여동생의 사업에 합류한 지 얼마 되지 않아 과도한 알콜 섭취로 50세에 간암으로 생을 마쳤다. 마음이 후한 동생 댁은 남편을 잃었지만 시어머니가 82세가 될 때까지 수발을 들면서 재가는 뒷전으로 하고 아직도 김씨네 가문의 대소사에 있는 힘과 정성을 쏟고 있다.

여동생 김영란은 늦둥이로 태어나 문화대혁명이 시작할 때는 겨우 세 살이었기에 문화대혁명의 피해를 많이 받지 않았지만 그가 금방 초등학교에 입학하자 작은 오빠가 감옥살이를 하면서 어린나이에 이모네 집과 언니네 집에서 눈칫밥을 먹으며 초등학교를 다녔다. 작은 오빠가 무죄로 석방되어 억울한 누명을 벗고 가정을 꾸리자 여동생은 어린 나이에 오빠를 돕겠다며 잘하던 공부를 그만두고 농사일에 나섰다.

그러던 중 그는 뒤 집의 총각^{나재을}과 눈이 맞아 총각의 집안형편이 오두막집의 문이 찌그러져 잘 닫기 지도 않을 정도로 어려웠지만 가족들의 반대를 무릅쓰고 22세 나이에 결혼을 하였다. 형편이 너무 어려워 애기를 키우기 어렵게 되자 제부는 1987년에 여기저기서 이자 돈을 꾸어 식구들을 이끌고 산둥성 동영시^{山東省東營市}의 승리유전^{勝利油田} 버스 터널 근처에 허름한 판자 집을 세 말아 식당을 꾸렸다. 여동생은 콧구멍만한 방 한 칸에서 시아버지와 성인이 된 시동생 둘과 비비닥거리며 옹색하게 살았지만 식구들이 뜻을 모아 장사에 전념하자 장사가 제법 잘 되어 빚을 갚고 종자돈을 마련할 수 있게 되었다. 그러자 제부는 더 큰 발전을 위해 1990년에 연해 도시인 산둥성 웨이하이시로 자리를 옮겼다.

　　웨이하이시로 옮긴 여동생 네는 웨이하이 지역에서 처음으로 패스트푸드 식^{快餐}의 식당경영방식을 도입하였는데 언제나 초만원이었다. 그러나 그때는 시장경제체제가 이루어지고 있는 전환기라 사회가 어지러웠다. 웨이하이지역의 깡패들은 특히 외지에서 온 업주들을 상대로 텃세를 챙기면서 괴롭혔는데 여동생 네가 장사가 잘 되자 깡패 두목이 무리를 이끌고 들이 닥쳤다. 타지에서 와 내막을 알길 없는 제부는 형제들과 똘똘 뭉쳐 소동을 부리는 자들을 흠씬 패주었다. 이 광경을 본 이웃의 업주들은 자는 범의 코털을 건드렸으니 이제 장사 할 엄두도 내지 말고 자리를 옮기라고 충고했다. 생각 끝에 제부는 좋은 술을 사들고 깡패두목을 찾아 호랑이 굴로 찾아갔다. 화가 치민 두목은 제부를 보자마자 따귀를 연이어 날려도 제부가 낯색 하나 변치 않고 꼿꼿이 서있자 〈너야말로 호걸이다, 너의 업소는 두 번 다시 안 갈 것이다〉라고 말한 다음 20여 년을 다시 한 번 찾아간 적이 없었다. 그리하여 1991년에 여동생 네는 순리롭게 영란콰이찬^{櫻蘭快餐} 1호점을 설립하고, 2000년에는 체인점들을 늘리고 시집과 친정의 큰 언니가족들과 작은 오빠가족들 모두 불러들여 대형 마트와 상무 호텔과 음식점 여러 개를 가진 대형 가족기업을 일으켰다.

우리 부부도 50살이 되던 해에 양로계획을 세우면서 기후가 따뜻하고 형제들이 있는 웨이하이시로 집을 옮겨 한국인 대상으로 진료소를 경영하면서 9년째 살고 있다. 큰 오빠내외도 현재 광주에 집을 두고 몸은 한국에 있으나 결혼, 화갑과 같은 가문의 다소사가 있을 때마다 웨이하이시로 모인다.

이렇게 우리가문은 제2세대까지 지린성에서 여기저기 이사하면서 흩어져 살다가 제3세대에 와서는 지린성을 벗어나 다시 가족기업을 중심으로 산둥성 웨이하이시에 모이게 되었다.

:::조선족 제4세대~제5세대

우리세대부터는 중국에서 한자녀 정책이 실시되었지만 우리는 소수민족 우대정책으로 자녀 2명씩 가질 수 있었다. 그리하여 우리 세대들은 모두 자녀를 두 명씩 낳았는데 제4세대들인 조카, 질녀들도 이제는 이미 성인이 되어 몇 명은 이미 결혼하여 아이도 가졌다. 다행히도 현재까지는 제4세대들의 배우자들도 모두 조선족이기에 조선족 제5세대를 이어갈 수 있었다.

나의 큰오빠네 조카들과 작은 오빠네 조카와 질녀는 모두 지린성 영길현 永吉縣 구전진 口前鎮이나 차루허진 岔路河鎮에서 조선족 고등학교까지 다닌 후에 대학을 다니거나 가족을 따라 남방으로 이주 했다. 현재 큰 오빠네 조카 두 명은 모두 결혼하여 쟝쑤성 염성 江蘇省鹽城에서 각각 한국기업 화사원과 자영업을 하고 있고 남동생 네 조카와 질녀는 현재 모두 웨이하이시에서 일하고 있다.

그러나 가장 먼저 웨이하이시로 이주한 여동생 네 조카^{나림}와 질녀^{나용}는 웨이하이시에 조선족 유치원, 초등학교, 중학교, 고등학교가 없었기 때문에 어릴 때부터 한족학교를 다녔다. 그리하여 웨이하이시에서 성장한 여동생 네 아이들은 조선말을 대충 알아들을 수는 있으나 말하거나 쓸 줄은 모른다. 그러나 조선족 정체성이 강한 여동생 네는 영국에서 석사를 마친 조카^{나림}를 조선말을 익히라고 한국에 어학연수까지 보내면서 조선족의 문화를 이어가려하고 있다. 나의 두 딸^{임화, 임설}은 현재 한국에서 박사공부를 하고 있으나 웨이하이시가 좋다며 졸업하고는 산둥으로 복귀하겠다고 선언하고 있다.

현재로서 김씨 가문의 제5세대는 큰 오빠네 조카가 아들 한명^{김태우}과 딸 한명^{김지연}을 가진 것이 전부이지만 조카들이 아직 20대, 30대이니 식구가 더 불어날 것이지만 걱정되는 것은 모두가 조선족 집거지역 밖에서 살다보니 조선족 교육을 받기 어렵다는 점이다. 그러나 다행이도 아래 세대들도 조선족 정체성이 강하고 조선족 생활방식을 이어나가려 하고 있다. 또한 웨이하이시는 한국과 가장 가까운 중국의 도시로서 한국기업의 대량진출로 한국인들도 많고 한국문화가 널리 전파되어 있어 이러한 우려를 덜어주고 있을뿐더러 필요시 어학연수나 문화체험, 유학 등 방식으로 한국의 도움을 받을 수 있을 것이다.

∷후기

이렇게 우리 김씨 가문의 윗세대들은 1920년대부터 만주땅으로 들어와 중국에서 80년 넘게 살아 왔다. 우리는 80여 년의 시간을 거쳐, 조선반도의 평안북도 태천군을 떠나, 중국 지린성에 정착하여 각자 멀지는 않지만 가깝지도 않게 흩어져 살다가, 지금은 김씨 가족을 연대로, 큰 언니네 박씨^{朴氏}가족, 나의 임씨^{林氏}가족, 작은 남동생의 김씨^{金氏}가족, 여동생의 나씨^{羅氏}가족이 함께 산둥성 웨이하이시라는 곳에서 새로운 대가족을 만들어 힘차게 살아가고 있다.

그리고 아랫세대들은 또다시 웨이하이시를 기반으로 중국 각지, 한국, 일본, 영국, 미국으로 글로벌 네트워크를 만들어 가고 있는데 이들의 종착지가 또 어디일지는 누구도 모르는 일이나, 다들 우리는 조선반도에서 건너온 조선인의 후손이라는 것만은 잊지 않고 있고, 현재 살고 있는 중국 땅과 웨이하이시를 사랑하면서 새 삶을 펼치고 있다.

이렇게 우리가문은 조선반도에서 건너와 중국에서 5세대를 잇고 있는 평범한 조선족 가문이다.

〈표1〉 김씨가 주요인물의 인적정보

세대	이름	관계	생존연도	주요 직업	주요 이동 경로
1	김춘추	할아버지	1900~1950	농민	평안도-지린성
1	이군일	외할아버지	1902~1976	농민(겸 독립당원)-농민	강원도-지린성
1.5	김확실	고모	1919~1979	농민	평안도-지린성
1.5	김일태	아버지	1-21~1982	교사-무직	평안도-지린성
1.5	김화실	고모	1929~현재	농민	평안도-지린성
3	김영숙	언니	1950~2005	농민-자영업-주부	지린성-산둥성
3	김영민	오빠	1953~현재	농민-회사원-퇴직	지린성-산둥성
3	김영희	나	1955~현재	농민-자영업-주부	지린성-산둥성
3	김영하	남동생	1957~2007	농민-자영업-회사원	지린성-산둥성
3	김영란	여동생	1965~현재	농민-사영업-경영자	지린성-산둥성
4	박광희	생질	1969~현재	자영업	지린성-산둥성
4	박명희	생질	1971~현재	대학생-회사원-박사과정	지린성-산둥성-일본
4	김준백	조카	1980~현재	대학생-회사원	지린성-광둥성-장쑤성
4	김준걸	조카	1983~현재	대학생-회사원	지린성-광둥성-장쑤성
4	임화	딸	1980~현재	대학생-회사원-박사과정	지린성-산둥성-한국-영국-한국
4	임설	딸	1984~현재	대학생-회사원-박사과정	지린성-산둥성-한국
4	김영	질녀	1983~현재	대학생-회사원	지린성-산둥성
4	김봉	조카	1988~현재	대학생-회사원	지린성-산둥성
4	나림	생질	1987~현재	대학생-석사과정	지린성-산둥성-영국-한국- 미국
4	나용	생질녀	1999~현재	중학생	산둥성
5	김지연	조카손녀	2005~현재	초등학생	장쑤성
5	김태우	조카손녀	2010~현재	-	장쑤성

출처 : 칭다오시 대외무역경제합작국

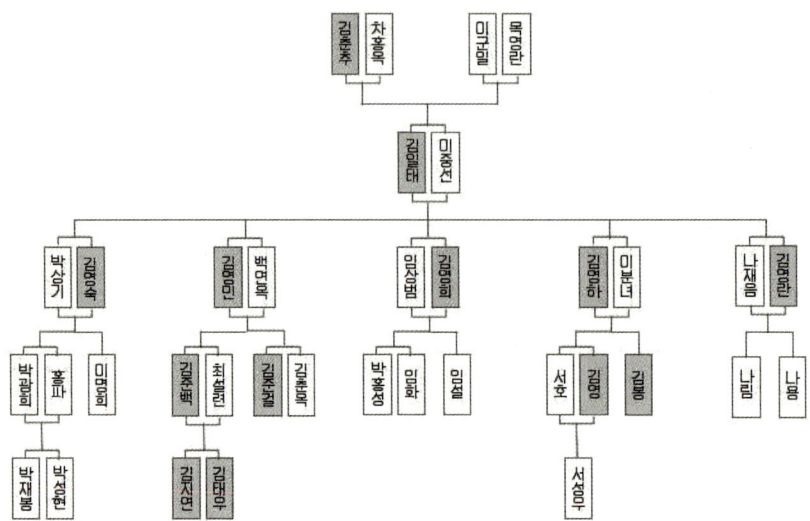

〈그림1〉 김씨가 가계도

칭다오를 중심으로 한 산둥의 도시발전
: 도시군 발전전략과 해양경제

중국 산둥^{山東}이라고 하면 무엇이 생각날까? 역사를 아는 사람이라면 공자, 맹자, 타이산^{泰山}을, 여행을 좋아하는 사람이라면 페리와 해양관광을 떠올릴 것이고, 술을 좋아한다면 바로 칭다오 맥주를 떠올릴 것이다. 산둥 출신 화교, 산둥 진출 한국인·한국기업 등 활발한 인적, 경제적 교류를 떠올릴 수 있다면 상당한 수준이다. 산둥여행을 다녀온 후 기억에 남는 것으로 명승고적과 미려한 풍경, 값싸고 다양한 과일과 신선한 해산물 등을 꼽을 수도 있겠다. 허나 여행이 여행객들에게 보여주는 것은 자신의 일부분에 불과하다. 더구나 중국에 대한 고정된 이미지가 강한 사람이라면 자신이 보고 싶은 것을 확인하고 확신에 차 돌아올 지도 모른다. "내가 산둥에, 아니 중국에 가봤는데……"로 시작하는 이야기는 그 자체로 즐겁지만, 필자처럼 중국사회를 연구하는 사람에게는 다소 아쉬움이 남는다. 여행은 우리 사회와는 다른 것을 보는 재미도 있지만, 비슷한 것을 보면서 곰곰이 생각할 수 있는 계기도 되니 말이다. 중국 사회는 참 우리와도 많이 닮기도, 많이 다르기도 하다.

"백령도에서 닭이 울면 청산토우^{成山頭}에서 들렸다"*는 말처럼 산둥지방은 지리적 거리 뿐만 아니라 역사적, 문화적, 경제적으로 한국 사회와 상당히 가깝다. 서로 많은 영향을 주고 받아왔고 앞으로도 그럴 것이다. 그렇다면 앞으로 산둥과 우리의 미래에는 어떠한 상상이 가능할까?

그런데 무언가 좀 꺼림칙할지도 모른다. 중국과 한국간의 국가 대 국가가 아니라, 중국의 한 지방인 산둥과 한국이다. 여기서 중국 사회를 이해할 때 생각해볼 점 하나만 짚고 가자. 흔히 국가간으로 비교를 많이 하지만, 중국은 그 규모가 너무 크기에 어떻게 비교할 것인지는 항상 문제다. 산둥 지방은 그 자체 규모만으로도 상당하다. 산둥의 2012년 지역내 총생산액(GRDP)은 7,900억$로 중국 내 3위이자 한국(1.13조$)의 70%다. 면적은 15.7만㎢로 한반도 남쪽의 약 1.5배이며, 인구 또한 2010년 현재 9,579.3만 명에 달한다.** 더구나 우리와의 교류 또한 상당하다. 우리나라와 산둥지방의 교역액은 2012년 기준 316억 달러로 우리나라의 10대 교역국 수준이며,*** 우리나라의 산둥지방 투자규모는 중국의 각 지역 중에서 수위를 다투는 정도이다. 2013년 6월 기준, 한국의 對 산둥성 투자법인은 7,640건으로 중국 31개 성급·직할시급 중 1위이며, 중국전체(22,941건)의 33.3%를 차지한다. 또한 한국의 對 산둥성 누적투자금액은 90억$로 장쑤성(96억$)

---

* 청산토우(成山頭)는 산둥반도 제일 동쪽 지역으로 웨이하이(威海)시의 일부이다. 백령도와 청산토우의 거리를 구글 어스에서 검색하여 대략 측정해보면 그 거리는 약 180㎞ 정도에 불과하다. 서울에서 대전까지의 경부고속도로 구간이 약 150㎞인 것을 감안하면 매우 가까운 거리임에 틀림없다.

** 더구나 인구밀도는 602명/㎢로 직할시를 제외할 경우 중국 내 1위에 해당한다.

*** 駐칭다오 대한민국총영사관의 자료에 따르면 2012년 한국과의 무역액은 호주 322억$(7위), 독일 251억$(10위)로서, 산둥지방과의 무역액이 상당함을 알 수 있다.

에 이어 2위에 해당한다. *

<표1> 산둥지방, 칭다오, 지난의 주요년도 사회경제지표

명목	지역	1952	1978	2000	2012
GDP(단위: 억 위안) [1인당 GDP (단위:위안)]	산둥	43.41	225.45	8337.47[9,326]	50013.245[51,766][1]
	칭다오	6.74[163]	38.43[663]	1191.25[16,009]	7302.11[82,680][1]
	지난	3.8[121]	23.6[527]	944.13[16,855]	4863.07[69,574][1]
GDP 산업비중 (1차:2차:3차) (단위: %)	산둥	67.4 : 16.6 : 16	33.3 : 52.9 : 13.8	15.2 : 50.0 : 34.8	8.6 : 51.4 : 40.0
	칭다오[2]	26.1 : 48.2 : 25.7	22.7 : 52.7 : 24.6	11.8 : 46.6 : 41.6	4.4 : 46.6 : 49.0
	지난	37.8 : 29.5 : 32.7	17.6 : 56.4 : 25.9	10.2 : 43.9 : 45.9	5.2 : 40.3 : 54.5
인구[1] (단위: 만명)	산둥	4827	7232	8997	9685
	칭다오	423.36	585.33	749.42(706.65)	871.51[3](769.56)
	지난	318.66	450.67	562.65	695(609.2)
무역액 (단위: 억USD)	산둥	–	–	249.9	2455.45
	칭다오	–	–	108.31	732.08
	지난	–	–	14.39	91.33

자료출처: 해당 각년도와 2013년판『산둥통계연감』,『칭다오통계연감』,『지난통계연감』, 각 지방통계국 통계정보망사이트의 자료를 참고. 산둥(http://www.stats-sd.gov.cn/), 칭다오(http://www.stats-qd.gov.cn/), 지난 (http://www.jntj.gov.cn/). [최종검색일자: 2014년 4월 13일]
1) 인구에서 괄호 안의 수치는 호적인구이며, 2000년대 인구는 일반적으로 상주인구(6개월 이상 현지에서 머무르는 인구)를 의미함. 2012년 1인당 GDP는 모두 상주인구로 계산된 값임.
2) 칭다오의 제2차산업 비중은 2006년에 52.4%로 최대.
3) 제6차인구센서스조사(2010)의 결과임.

문제는 이처럼 우리와 긴밀한데다 규모도 상당한 산둥지방이 빠른 속도로 발전하고 있다는 점이다. 〈표 1〉은 산둥성 전체와 주요 지역인 칭다오, 지난의 주요년도 사회경제지표이다. 1949년 중화인민공화국의 성립과 1978년 개혁개방의 시작 이후 현재까지의 결과이다. 개혁개방 이후 산둥지방의 발전속도는 어마어마하다. 1978년과 2012년의 GDP 수치를 비교

---

* 이는 모두 駐칭다오 대한민국총영사관의 자료에 따른 것이다. 홈페이지는 http:// qingdao.mofa.go.kr/kr/

해보면, 산둥 지방 전체는 연평균 17.2%, 칭다오는 16.7%, 지난은 17.0%씩 성장했다.* 무역액과 서비스업의 성장도 대단하다. 산둥지방의 무역액은 2000~2012년 기간 중에 근 10배 성장했으며, 개혁개방 이후 서비스업의 성장 또한 주목할 만하다. 또한 도시화 또한 급속히 이루어졌다. 산둥지방의 도시화율**은 1978년 18.96%에서 2012년 52.43%로 크게 증가했다. 즉 1억 명 중 약 5200만 명이 도시지역에 거주하고 있다는 말이다.

그러나 발전의 성과가 모두에게 골고루 돌아간 것은 아니다. 중국 국가통계국이 발표한 2013년 지니계수는 0.473으로, 가처분소득의 경우 도시주민은 26,955위안, 농촌주민은 8,896위안이었다.*** 중국의 불평등은 이미 널리 알려져 있으니 사실 놀랄만한 것은 아니다. 개혁개방의 총설계사 떵샤오핑鄧小平의 '선부론先富論'이 초래한 안 좋은 결과일 따름이다. 다만 중국의 경우는 좀 더 복잡하다. 부자-빈자간 불평등 외에 도시-농촌간, 연해-내륙지방간, 민족간의 불평등이 합쳐져 있다. 그리고 이러한 모순과 불평등이 가장 집약된 집단 중 하나가 농민공農民工이다. 낙후한 농촌 내륙으로부터 먼저 발전한 연해지역의 도시로 건너온 이들은 건설현장, 공장, 서비스업과 '3D업종'에 종사하고 있다. 도시에 살지만 도시 주민의 혜택은 거의 받지 못하는 이들은 이미 2억 6천만 명을 넘어섰다. 어쩌면 우리는 중국 여행 중에 이미 상당수의 농민공과 만났을지도 모른다.

그렇다면 중국 사회는 어떠한 모색을 하고 있을까? 조화와 분배가 보다 강조되고 있지만, 여전히 발전은 최우선 목표로 보인다. 어쩌면 '발전'에 대

---

* 이 수치는 위 통계자료를 토대로 하여 필자가 계산한 수치이다.

** 중국에서 현재 도시화율은 총인구에서 도시인구가 거주하는 비율을 의미한다.

*** 2014년 1월 20일 중국 국가통계국은 2013년 통계수치에 대하여 발표한 바 있다. http://www.stats.gov.cn [검색일자: 2014년 3월 31일]

한 강박은 더 심해졌을 수도 있다. '모든 것은 낮은 생산력 때문이며, '발전'을 해야 사람들에게 더 나누어줄 것이 생긴다. 아직 중국의 '발전'은 여전히 부족한데, 더 발전하기 위해서는 '정치 · 사회 · 경제적 안정이 필요하다.' 이렇게 요약하면 어느 정도 맞을 듯하다. 그럼 어떻게 발전할 것인가? 그 키워드 중 하나가 바로 '도시', '도시화'이다. 몇 천 년간 지속된 농업/농촌사회에서 산업/도시사회로의 변화가 현재 중국에서 이루어지고 있는 것이다. 최근 중국에서 지역의 발전이란, 곧 도시의 개발이라 해도 과언이 아니다.

:::산둥지역 도시발전의 역사
: 전통의 내륙지역과 근대이후 발전한 해안지역

산둥성^省은 중국의 23개 성^省 중 하나로서 성의 수도^{省會}는 지난이다. 총 17개의 시로 이루어져 있으며, 다시 137개의 현^縣급행정구로 구분된다. 1억의 인구와 한반도 남쪽의 1.5배의 면적을 갖는 큰 지역으로, 중국의 32개 성급 중에서 인구 2위, 인구밀도 5위, 경제규모(GDP) 3위, 1인당 GDP 9위에 해당한다. 산둥지방은 개혁개방의 성과를 상당히 초기부터 받아왔다. 중국의 개혁개방은 내부적인 개혁과 동시에 외부 세계로의 개방이자 접궤^{接軌}이기도 했다. 산둥의 해안지역은 가장 일찍 개방된 지역 중 하나로서 무역과 해외 투자는 빠른 성장의 원동력이기도 했다. 그러나 개혁개방 이전, 근대 이전에도 산둥은 중국에서 발전된 지역 중 하나였다

　개혁개방 이후 산둥 도시의 발전은 곧 중앙에서 지방으로의 권리 이양과 이익 공유^{放權讓利}라는 개혁개방의 주요 메커니즘과 연결된다. 한편으로는 지방의 자율성을 제고하여 능동적인 발전을 꾀하는 처사지만, 다른 한편으

산둥 지방의 도시 분포
출처: 위키백과 한국어판(http://ko.wikipedia.org/wiki/%EC%82%B0%EB%8F%99) [검색일자: 2014년 3월 30일]

로는 실패의 위험과 수습의 책임을 지방정부에 떠넘기는 것이기도 하다. 지방정부 주도의 개발주의 열풍은 이런 맥락에서 나온 것이다. 해당도시의 경제적 성공은 곧 정부지도자領導들의 정치적 출세를 보장하는 것이었다. 기업과 투자 유치를 위한 지방정부의 바다을 향한 질주는 곧 중국 지방정부판 비즈니스 프렌들리business friendly로서, 노동자보다는 오히려 기업을 대변하는 노동조합工會과 더불어 중국판 개발주의의 전형이었다.

　　중국의 도시정부는 중앙정부에 비준을 받아야 할 핵심사안을 제외하고는 정책적 자율성을 최대한 발휘하여 지역의 발전을 모색해왔다. 물론, 중국의 도시는 행정구역상 구분이나 구조, 지위와 역할에 있어 우리나라와는 다소 차이가 있다.* 특히 경제적 권한, 행정·입법적 권한, 당·정부 지도자領導의 등급에 따라서 여러 개의 구분이 있으며 다소 복잡하다. 예를 들면, 산둥성의 중심도시인 지난과 칭다오青島는 부성급副省級시로 성省급의 경제·행정·입법적 권한을 갖고 있는데, 이는 다른 도시보다 경제적으로 더 발전된 지역임과 동시에 보다 독립적인 입법·행정적 지위를 갖고 있음을 의미한다.**

　흥미로운 점은 산둥지역이 발전의 배경조건을 대표하는 두 개의 발전중심지를 갖는다는 점이다. 지난이 중국의 전통적인 내륙도시의 발전을 대표한다면, 칭다오는 근대 이후 해양과의 교통을 중심으로 발전한 해안도시의 발전을 대표한다. 근대 이전의 중국은 대체적으로 해양보다는 내륙간의 교역을 중심으로 발전해왔다. 산둥반도 서부지역은 허베이평원의 동쪽 끝에 위치하여 일찍부터 중화문명의 영향을 받아온 반면, 산지山地로 돌출된 중부 지역과 동부 해안지역은 도교와 불교, 민간 전설이 해양민속과 어우러져 있다.***

　산둥성 내륙지방은 고대부터 중국의 역사에 등장한다. 산둥성의 약칭은

---

* 중국은 크게 도시(城鎭)와 농촌(鄕村)의 구분이 있으며, 한 도시 내에도 도시지역과 농촌지역을 포함하고 있다. 따라서 산둥반도가 17개의 시로 구성된다고 해서 농촌지역이 없다는 것은 아니며, 산둥반도는 전통적으로 농업이 큰 비중을 차지하는 지역(農業大省)이기도 했다.

** 2014년 현재, 중국의 부성급시는 총 15개로 그 중 11개는 성의 수도(省會)이며, 성의 수도가 아닌 도시들은 칭다오를 비롯하여 다롄(大蓮), 닝보(寧波), 샤먼(厦門), 선전(深圳)이다.

*** 산둥지방의 동쪽지역이 바로 작은 산둥반도라고도 불리는 쟈오둥(膠東)반도이다. 현재 우리나라는 산둥 내륙보다는 해안지방, 즉 칭다오, 옌타이(煙臺), 웨이하이(威海) 지역과의 교류가 더욱 활발하다.

'루'魯로 우리가 익히 아는 춘추전국시대의 노나라를 의미하며, 요순堯舜 시대의 순舜 임금 역시 산둥 지난 출신이다. 공자의 고향인 취푸曲阜와 중국 5악岳 중 으뜸인 타이산泰山이 있고, 주공 단, 환공, 관중과 포숙아로 유명한 춘추전국시대의 제齊나라도 산둥지방에 있었다. 또한 공자, 맹자, 묵자, 손자, 손빈, 오기 등이 모두 산둥성 출신이다. 더구나 수호지의 양산박 또한 산둥에 있었다. 이에 반해 쟈오둥반도는 황허문화의 동쪽 끝 바다로 연결되는 통로로서 내륙의 현실세계와는 다소 다른 공간으로 접합되어 있었다. 도교 전설상의 봉래산, 진시황이 불로초를 얻기 위해 배를 띄웠다는 곳이 바로 산둥반도의 동쪽 끝이며, 도교와 불교의 명산인 라오산崂山 또한 칭다오에 있다. 해상 방어를 위한 군사진지들이 그나마 현실적인 존재들이었다.

그러나 근대 서구 열강의 등장과 더불어 그 역사는 변화하였다. 19세기 이후 중국은 서구 열강의 도전과 침탈 속에서 해안이 개방되었고 산둥지방의 해안지역 또한 마찬가지였다. 1897년 칭다오가 독일에, 1898년 웨이하이가 영국에 할양되었고, 산둥성의 나머지 지역은 독일의 영향력 하에 놓여졌다.* 또한 제1차 세계대전과 중·일 전쟁을 거치면서 산둥반도는 일본의 영향력 하에 놓여졌다가 1945년 제2차 세계대전의 종전 후에야 그 품에서 벗어났다. 이러한 서구 열강의 영향은 곧 서양으로부터 이식된 식민유산이자 반半식민과 침탈의 아픈 기억임과 동시에 근대적인 변화와 발전을 의미하는 것이기도 하였다. 특히 칭다오는 독일조차시기에 어촌에서 상업무역도시로, 일본점령시기 다시 방직업을 중심으로 한 상공업도시로 발전해왔다. 칭다오는 1929년 이미 인구 100만 명이 넘어 직할시(당시 이름으로는 '特

---

* 중국 정부는 1922년 칭다오를, 1930년 웨이하이를 돌려받았다.

別市')로 지정될 정도로 급속히 발전하였다.

1949년 중국 공산당이 중국을 장악한 이후 산둥성의 행정구역은 몇 번의 변화를 거쳤다. 산둥성 일부를 떼어내 잠시 핑위앤성^{平原省}을 만들기도 하고 장쑤성^{江蘇省} 일부를 넘겨받기도 했지만, 결국은 현재의 산둥성으로 남게 되었다. 내륙의 허베이^{華北}, 허난^{河南}, 안후이^{安徽}, 장쑤^{江蘇}와 맞닿아있는 지리적 위치는 중국 전체적인 행정구획과 경제, 통치에 있어서도 주요한 고려사항이었다. 산둥지방은 개혁개방 이전에도 주요한 농수산물 생산지역이었고, 지난과 칭다오는 산둥지방의 주요 산업도시로 기능해왔다. 하지만 냉전시대에 쳐진 죽^竹의 장막 속에서 해외 교역보다는 중국의 내부적인 교역과 필요가 훨씬 중요했다.

1978년 개혁개방은 산둥지방 도시의 발전을 다시 한 번 전환시켰다. 내륙도시들 또한 발전했지만, 해안은 더 큰 발전의 기회를 제공했다. 칭다오를 중심으로 한 옌타이, 웨이하이 등 해안도시의 급성장은 곧 이를 반증한다. 외부로부터 몰려드는 자본과 사람의 물결, 끊임없이 돌아가는 개발구^{開發區}의 공장들은 곧 도시의 발전을 상징했다. 각 도시들은 자신이 갖고 있는 자원들을 최대한 활용하여 발전을 모색했다. 전통과 역사, 아름다운 풍경에 기반한 여행산업과 해양을 통한 교역, 이를 뒷받침할 산업화는 그 핵심이었다.

:::산둥도시군 발전전략: 도시간 협조·발전과 해양 경제 개발

개혁개방 이후 각 도시들은 엄청난 속도로 발전했다. 문제는 지역 간, 도시-농촌 간, 집단 간 발전속도에 상당한 차이가 있었단 점이다. 이는 곧 사회적 불만과 경쟁의 과열을 불러일으켰다. 이를 해결하기 위해 2000년대 등장한 방식이 곧 도시군^{城市郡, 都市郡, megalopolis} 발전전략이다. 과거 발전방식이 일부 지역의 실험이 성공한 이후 점차 그 성과를 확대하는 '점-선-면'으로의 확대과정이었다면,* 현재의 발전방식은 먼저 발전한 지역이 권역 거점 도시로서 다른 도시들과 함께 협조 · 발전하는 것을 의미한다.

산둥성 정부는 2005년 『산둥반도도시군발전전략연구^{山東半島都市郡發展戰略研究}』 보고서를 거쳐 2007년 『산둥반도도시군 총체계획^{山東半島城市郡總體規劃}』을 통해 산둥지역의 새로운 발전을 모색하였다. 칭다오, 지난을 중심으로 한 8개 도시의 상호보완과 긴밀한 협조를 통해서 식품, IT 및 가전, 기계, 석유화학공업, 기초원자재, 제지, 방직의류 등 7대산업을 집중 육성하고, 현대화된 제조업 기지 건설과 서비스업 발전을 통해 국제적인 도시로 발돋움하고자 한다.** 산둥반도 도시군은 2006년 산둥반도 전체 GDP의 2/3를 점하고 인구는 4,244만 명에 달한다. 또한 산둥성 수출입총액의 86.9%, 실제 외자이용액의 86.7%를 차지한다. 즉 산둥반도도시군은 산둥지역의 핵심적인 발전의 동력이 되는 지역이다.

산둥은 중국의 3대 발전지역인 환보하이만^{環渤海灣}에 속하지만, 격렬한 지역간 경쟁의 틈바구니에 놓여져 있다. 위로는 베이징 · 톈진 · 허베이의 징진지^{京津冀} 도시군, 아래로는 상하이를 중심으로 한 창장^{長江}도시군이 있고,

---

* 중국식으로 말하자면 이는 '돌을 더듬어 가며 강을 건너는(摸著石頭過河)' 점진주의적 방식이다.

** 총체규획의 내용은 바이두 문고(http://wenku.baidu.com/)를 참조할 것. 인천발전연구원 한중교류센터의 "산둥반도도시군 발전전략의 주요내용"(월간한중 2006-09-01) 또한 참고 가능.

보하이만을 마주하고 있는 랴오닝^{遼寧}성과 내륙의 중원^{中原}도시군의 성장 또한 가파르다. 아울러 베이징·상하이 등 강력한 선두도시가 존재하지 않는 점 또한 다소 불리하다. 치열한 경쟁에서 살아남는 방법은 내부적으로는 더욱 긴밀하게 뭉치고 황해안과 맞닿아있는 개방적 조건을 최대한 활용하는 것이다. 위 계획에서는 한국·일본과 경제의 국제화전략을 통해서 국제적 분업 및 자원의 효율적 배분을 실시하고 환황해^{環黃海}지역의 선진제조업기지로 발돋움하고자 했다. 아울러 지난과 칭다오의 두 중심도시를 축으로 하여 현대적인 서비스업과 제조업을 발전시키며, 특히 칭다오는 국제적인 항구도시이자 해안여행도시로 자리매김하고자 했다. 그리고 긱 도시 간의 긴밀한 교통 연결망을 구축하고 유기적으로 결합된 분업시스템을 건설하며, 인구와 산업의 집적을 통한 도농일체화를 통해 내부적인 성장잠재력을 높이고자 했다.

2014년 현재, 산둥은 보다 세부적인 여러 도시군을 중심으로 지역간 조화발전을 꾀하고 있다. 칭다오를 중심으로 한 연해지역의 '산둥반도 블루경제구'(2011년 1월 국가전략으로 승인), 북쪽 지역의 '황허삼각주 고효율생태경제구'(2009년 11월 국가전략으로 승인), 지난을 중심으로 한 서북부 지역의 '성회도시군 경제권'(2013년 8월 정식 발표), 서부지역의 서부경제개발벨트 등 '2개 경제구-1개 경제권-1개 개발벨트'가 그 핵심구조다. 그리고 핵심내용은 첨단제조업과 서비스업 발전을 목표로 하는 산업구조조정 및 고도화, 수출 및 투자의 확대를 위한 체제혁신 및 개방확대이다. 특히 '해양'과 '생태환경'에 대한 새로운 실험을 시도중인 산둥반도 블루경제구를 주목할 필요가 있다.

산둥반도 블루경제구는 중국 최초의 해양경제를 테마로 한 지역발전전략의 산물이다.* 산둥성 해역 전체와 칭다오를 중심으로 한 6개 도시를 포함하는 넓은 지역으로, 중국의 지역발전이 해양으로까지 확장되고, 육지와 해양의 종합적 발전을 실험하는 의미를 갖는다. 사실, 중국 정부는 이미 2003년부터 지속적인 경제발전을 위해 해양경제 육성 필요성을 절감하고 해양경제 발전전략을 잇달아 발표해왔다. 에너지·자원부족현상에 대한 돌파구로서 해양자원에 눈을 돌린 것이다. 중국의 해양자원은 본격적으로 개발되지 않았지만 무한한 개발 잠재력을 보유하고 있다고 평가된다.** 더구나 산둥지방은 1990년대 초반 '해상산둥海上山東' 발전전략을 취하고 발전시키고자 한 바 있으며 해양관련 과학기술 분야에서 중국내 최고이니, 그 실험의 성과 또한 기대될 만하다.*** 블루경제구는 중국의 지방과 지방, 중국과 세계를 연결하는 역할을 하고자 한다. 황허 유역 9개 성省 지역의 바다로 나가는 해상통로이자, 환보하이 경제권의 남부벨트 역할, 동북 3성과 창장 삼각주 경제의 연결, 나아가 한·중·일 자유무역 선도구역으로의 발전을 꾀하고 있다.

최근 산둥지역의 발전성과는 상당하다. 2013년 산둥지방의 경제성장에 대한 공헌률은 남색경제구가 46.4%, 성회도시군경제권이 33.9%를 차지했

---

* 사실 중국의 해양경제 실험은 산둥뿐만 아니라 저장(浙江)성과 광동(廣東)성에서도 실시되고 있는데, 중국정부는 2011년 3개 지역을 잇달아 국가급 해양경제 육성시범구로 지정하고 지역별로 특화된 해양경제를 육성하겠다고 밝혔다. 산둥반도 남색경제구 발전규획은 '신화통신 산둥분사'(http://www.sd.xinhuanet.com/)를 참조. [검색일자: 2014년 4월 1일]

** 중국은 세계 최장길이인 약 1.8만㎞의 해안선을 보유하고 있으며, 해양생물 2만여 종, 해저석유 부존량 약 246억 톤, 천연가스 부존량 1조 4천억㎥ 등 해양자원 또한 풍부하다.

*** 남색경제구에서는 해양경제 건설과 해양자원의 과학적 개발을 위해 해양산업 클러스터, 해양자원개발 및 과학기술 교육단지를 건설·발전시키는 것이 핵심이다.

다. 아울러 산둥성정부는 역내경제 공동발전은 지역경제력을 한층 업그레이드 시켰다고 자평한다.* 또한 칭다오와 지난은 2013년 '신(新) 1선도시'로 선정되기도 했다.** 더구나 남색경제구를 중심으로 외국과의 무역과 자본의 유치 또한 크게 증가하고 있다. 그러나 도시군 발전전략의 목표였던 지역간 협업과 협력은 생각보다 잘 이루어지지 않고 있다. 2011년 남색경제구 규획이 공포된 이래 3년 후인 올해 초가 되어서야 관련한 제1차 당黨정책 연석회의가 개최되었을 정도다. 더구나 염가제조업을 퇴출하고 첨단기술산업과 서비스업을 유치·발전시킨다는 산업고도화 전략 또한 쉽지 않다. 11차 5개년 계획기간(2006~2010) 동안 첨단산업부문 생산액의 증기는 목표치를 달성치 못했고 도시-농촌지역의 소득격차는 오히려 증대되었다.*** 아울러 역내 지역간 중복·과잉투자의 문제와 첨단산업 유치 및 해양경제 발전전략에 대한 각 지역간 경쟁 또한 필히 해결해야할 과제이다.

:::칭다오 발전의 키워드: 블루경제, 산업구조조정, 생태환경

칭다오는 산둥지역 발전의 거점도시로서, 산둥도시군 발전전략의 핵심지이

---

* 「2013年山東省國民經濟和社會發展統計公報」(산둥성정부홈페이지 http://www.shandong.gov.cn) [검색일자: 2014년 4월 1일]

** 제1차이징주간에서는 중국의 400개 도시를 새롭게 분류하여 15개의 '新1선도시'를 선정하였다. 제1선도시는 중국의 정치, 사회, 경제적인 면에서 가장 중요한 도시로서 기존 1선도시는 베이징, 상하이, 광저우, 션전, 텐진 등이다. "中國城市分級", 〈第一財經週刊〉 2013년 12월 9일자. http://www.cbnweek.com [검색일자: 2014년 4월 1일]

*** 「山東省國民經濟和社會發展第十二個五年規劃綱要」(산둥성정부홈페이지 http://www.shandong.gov.cn) [검색일자: 2014년 4월 1일]

다. 거점도시는 자신의 발전 성과를 주변지역으로 확대하여 나눔으로써 성장의 파급효과를 가져온다. 칭다오의 발전 또한 마찬가지이다. 칭다오는 블루경제구의 핵심지역으로, 산둥지방뿐만 아니라 중국 전체 해양경제 발전에 크게 이바지하고 있다.

칭다오의 발전은 곧 해양경제의 발전과 연결된다. 근대 개항도시이자 개혁개방 초 연해개방도시 중 하나로서, 해양과학기지의 중심지이며, 물동량 기준 2014년 세계7위의 항구를 갖고 있다. 아름다운 자연풍광과 해안스포츠 등으로 휴양과 레저의 도시, 관광의 도시로도 유명하다. 가전·전자, 석유화학, 자동차, 선박·해양공정, 방직·의류, 식품·음료, 기계·철강산업 등 7대 공업이 발전했으며, 하이얼^{海爾}, 하이센스^{海信} 등의 가전기업과 홍링^{紅領}, 지파^{卽發} 등의 패션의류기업 등 중국 저명상표 기업 78곳, 중국유명브랜드 제품 69개를 보유하여 '중국 10대 브랜드 도시'로 선정되기도 했다.

허나, 개혁개방 이후 빠른 경제성장은 신발·완구·악세사리 등 저렴한 노동력에 기반한 임가공·전통제조업에 기반한 바가 컸다. 이러한 발전방식은 오래 지속가능하지 않다. 2000년대 칭다오는 양적인 성장에서 질적인 성장으로의 경제성장방식의 전환을 모색했다. 염가노동력에 기반한 제조업은 퇴출되고 기술력을 바탕으로 하는 첨단산업의 발전에 힘을 쏟았다. 또한 서비스업의 발전을 통해 생산 중심에서 소비 중심으로의 전환 또한 추진했다. 칭다오는 11-5 규획(2006~2010)[*]에서 '현대화된 국제도시 건설'과 '생태환경보호 경제'를 적극 추진하였고, 12-5 규획(2011~2015)에서는 글로벌 시각과 스탠다드를 중국 본토의 경쟁력과 잘 결합하여 산업고도화, 해양경

---

* 정식명칭은 '국민경제와 사회발전 제11차 5개년 규획'으로 일반적으로 줄여서 '11-5 규획'이라고 부른다.

제 발전, 생태환경 보호 등을 추진중이다. 이를 바탕으로 칭다오시는 『칭다오시도시총체규획(2006~2020)』을 통해 도시발전을 진행하고 있다.*

종합해보자면, 칭다오 발전의 키워드는 블루경제, 산업구조조정, 생태환경이다.

첫째, 블루경제는 곧 '해양경제'를 칭하는 말로서, 이는 또한 육상-해상 일체의 발전과 지역내 협조발전을 지칭한다. 해양자원의 활용부터 해양을 활용한 운수·여행산업에 이르기까지 해양경제는 성장가능성이 매우 높아 보인다. 또한 경계를 뛰어넘어 한국과 일본 등 환황해권의 경제협력을 모색하고, 역내 각 도시간의 협조발전을 꾀하는 것 또한 넓게 보면 블루경제라 하겠다. 블루경제의 본질을 높은 개방성으로 본다면, 이는 다시 두 가지 방식으로의 모색이 가능하다. 우선 경계를 넘어 한·중·일 자유무역을 확고히 하는 것인데, 자유무역구역 또는 자유무역항구 건설계획이 칭다오에서 추진 중이다. 자유무역항구가 건설되면 칭다오시는 무역과 물류를 통합해 항구의 고도화를 이루고 곧 동아시아의 중심항구로 거듭날 수 있게 된다. 다음으로 역내 농촌인구의 이동을 개방적으로 수용하고 그동안 부족했던 '사람의 도시화'를 꾀하는 것이다. 시진핑 시대 들어 강조되고 있는 '신형도시화' 또한 이러한 맥락이다. 이에 수반되는 농촌토지제도의 변화는 지역간 통합적인 개발과 자원의 효율적 이용을 가능케 할 것이다. 그러나 이에 필요한 막대한 비용을 도시 재정이 부담할 수 있을지는 문제이며, 현재 복잡하게 얽혀있는 도시-농촌간 분리체제의 개혁이 함께 수반되어야 할 것이기에 보다 장기적인 과제라 할 수 있다.

---

* 각 문건들의 중국어판본은 포털 바이두에서 쉽게 찾아볼 수 있다. www.baidu.com [검색일자:2014년 4월 1일]

둘째, 산업구조조정은 염가제조업의 타지로의 이전, 퇴출과 첨단산업의 유치·발전, 그리고 제조업 중심의 '칭다오 제조'에서 서비스업 중심의 '칭다오 서비스'로의 산업고도화가 그 핵심이다. 우선, 칭다오는 서비스업의 비중을 2010년의 46.4%에서 2015년 57%로 제고할 계획이며, 금융, 관광, 물류를 3대 서비스 산업으로 삼아 중점 발전시킬 계획이다. 다음으로, 전통적 산업을 개조하거나 외곽으로 이전하고 첨단산업을 유치하며, 각 지역별로 특화된 산업을 발전시키고자 한다. 핵심지역은 바로 쟈오저우^{膠州}만을 중심으로 한 공업지역으로, 물류 및 첨단기술산업, 종합적 서비스산업 등을 발전시킬 계획이다. 아울러 외곽지역은 현재 형성된 다른 도시와의 교통축을 따라 지역협조적인 발전을 꾀하고자 한다.

셋째, 생태환경은 곧 앞의 두 키워드와 연결되는 것으로, 지속가능한 발전을 위한 핵심목표가 된다. 쟈오저우^{膠州}만 보호가 그 핵심이며, 녹지자원의 보호, 해양자원과 에너지, 수자원의 합리적이고 효율적인 이용, 토지자원의 절약적 이용을 추진할 계획이다.

칭다오는 막대한 자금과 노력을 쏟아부으며 발전을 모색하고 있다. 이러한 개발을 상징하는 것이 있다면 바로 2011년 완공된 '칭다오해안대교^{海灣大橋}'라 할 것이다. 쟈오저우만을 가로질러 칭다오의 주시가지와 황다오^{黃島}를 연결하는데, 그 길이가 총 36.48km로서 해안대교로는 세계에서 제일 길고, 모든 다리를 통털어 세계에서 두 번째로 긴 다리이다. 순수한 중국기술로 총 4년동안 90.4억 위안의 공사비를 쏟아부었으며, 그 결과 칭다오와 황다오간 이동거리는 30km, 이동시간은 20분 단축되었다.

칭다오의 발전이 순조로운 것만은 아니다. 앞서 말한 블루경제와 산업구조조정은 칭다오뿐만 아니라 상당한 지역이 동시에 추진하고 있는 바이다.

아울러 자유무역구역의 경우는 작년 상하이 자유무역시험구가 출범한 이래 각 지역이 앞다투어 추진하고자 하는 아이템이기도 하다. 더구나 과잉·중복투자는 성공적인 결과가 나오지 않을 경우 도시재정을 위태롭게 할 것이다. 사실 가장 어려운 것은 신형도시화에 따른 '사람의 도시화'이다. 리커창 李克强 총리가 사람중심의 도시화가 필요하다고 밝혔지만, 그 현실은 녹녹치 않다. 그러나 칭다오의 노력은 우리 사회의 도시 발전을 반추해보기에 부족하지는 않다. 칭다오의 발전이 과연 해양경제에 기반하여 성공할 수 있을 것인지, 아니면 과잉·중복투자의 무리수와 재정위험에 걸려 실패할지, 그리고 이 과정에서 어떠한 새로운 사고와 실험이 나올지 주목할 필요가 있다.

●●●●●●●●●
짜오청궈(趙成國)

황해의 과거, 현재
그리고 미래

:::황해 역사의 기억

::황해를 둘러싼 중한 관계

황해는 중국과 한국이 왕래하던 중요한 교통의 요지였다. 양국의 경제 및 문화 교류의 역사가 그 것을 증명하고 있다. 한반도는 황해의 동쪽에 위치하고 있기 때문에 '해동^{海东}'이라고 불렸다. 해동의 육로와 해로는 일찍이 춘추전국시대 황해 양안의 사람들에 의해 발견되었다. 춘추시대의 제나라^{齐国}는 동례^{东莱}를 비롯한 산동 북동부 지역을 의미에 위치하고 황해에 근접해 있었기에 대외 무역에 유리했다. 전국시대에는 통일 전쟁이 빈번하게 일어났기 때문에 발해와 황해에 가까운 연나라와 제나라 사람들은 랴오닝 동쪽 육지를 통해 황해안에서 한반도로 도망치기도 했다.

한무제는 위만조선을 멸하고, 조선을 낙랑^{乐浪}, 임둔^{临屯}, 진번^{真番}, 현토^{玄菟} 4개 군으로 나누었고 한나라 사람을 파견하여 관직에 임명했다. 그 때부터 고대 중국의 문화는 한반도에 전해지기 시작했다. 그 중 낙랑문화

가 대표적이다. 위진남북조시대에 한반도는 삼국시대였다. 당시 황해 양
안의 정권은 분열 상태였음에도 불구하고 고대중국과 한반도의 교류는 오
히려 활발했다. 한위이후, 고대 중국과 한반도 간 조공체제가 성립되었다.
당과 신라, 북송과 고려, 혹은 명과 조선 등 중한 간에는 조공의 예가 유지
되었고, 양국은 시종일관 우호적인 관계를 만들어나갔다.

　당나라 시기에는 중한 간 해상 무역의 발전이 이루어졌다. 당나라의 지
원과 신해상 통로가 개척되었기 때문이다. 〈신당서 · 지리지新唐书 · 地理志〉에
의하면 당에는 육로와 해로로 나누어진 대외 무역로가 있었고, 육로의 운
송량은 많지 않았기 때문에 민간에서는 신라 영암 부근에서 출발하여 흑산
도를 통과명주, 정해현오늘날의 닝포시 진해구 등안의 직항 해로까지 이어지는 새
로운 항로를 찾았다는 기록이 있다. 이 항로는 황해와 동해를 가로질러 항
로의 거리를 줄였고 해상 무역의 발전을 촉진시켰다.

　당은 신라의 한반도 통일을 도운 후에도 우호적인 조공 무역 관계를 유
지했고, 이것은 다시 민간 무역 발전의 기회를 제공했다. 많은 신라 사람들
이 당나라를 통과했는데 어떤 사람들은 심지어 노인이 될 때까지 당나라에
살기도 했다. 그들은 주로 해상 운송 및 소금 제작에 유리한 산둥반도, 양
자강과 회수 등 연해 지역에 모여 살았다. 황해연안에는 신라교민지역이 조
금씩 형성되기 시작했고 그들은 등주, 내주, 미주, 양주, 초주에 거주했다.
신라의 승려들은 당에 와서 법도를 공부했다. 당나라에는 사원의 속성을
가진 신라원이 형성되었고, 그 곳에서 신라거주민들의 출입국 수속 사무를
관리하기도 했다. 원인圓仁의 《구당구법순기入唐求法巡记》 중에는 당과 신라
의 빈번하고 밀접한 교류에 대해 잘 기록되어 있다.

　송나라 때, 황해연안의 등주, 미주항은 한반도의 개방에 영향을 미치는

중요한 항구였다. 송나라의 항해기술은 비약적으로 발전했는데, 특히 수밀구획실(배의 침수 등에 대비해 독립적으로 문이 닫혀 수밀·방수 공간이 되도록 설계된 선실) 설계의 광범위한 응용이 침몰의 위험을 감소시켰고, 이것은 해상 무역 발전에 크게 기여했다. 송은 고려로 차, 도자기, 실크 등을 운송했고 고려는 송으로 예술작품 등을 보냈다. 원나라 때 이미 강소 연해지역은 무역 중심지가 되었고, 명청 시기 때 해상무역금지정책이 있었지만 중한 간의 해로 교역은 상당 부분 증진되었다.

::황해를 둘러싼 분쟁

역사상 황해에서의 교류는 빈번했고 평화로운 모습으로 발전했지만, 때때로 마찰이 있거나 심지어 전쟁이 있기도 했다. 고대 춘추 말기에 우나라와 제나라 간의 황해 전쟁은 중국 해전 역사의 시작이었다. 서기 663년, 황해 안에서는 다시 전쟁이 발발했다. 〈구당서·류인지旧唐书·刘仁轨〉에는 "인궤仁轨의 군대와 일본의 군대는 백강 입구에서 마주쳤다. 네 번의 전쟁에서 모두 승리했고 상대의 400척 배를 불태운 그 연기가 하늘을 뚫을 것처럼 넘쳐났다. 죽은 군인들의 피로 바닷물이 붉게 물들었다"는 내용이 있다. 중일 역사 상 첫 번째 교전인 이 해전을 '백강구 해전'이라고 한다.

서기 1592년 도요토미 히데요시丰臣秀吉은 '임진왜란'으로 조선을 침략했다. 조선은 명나라를 향해 원조를 요청했고 명나라는 조선에 군대를 파병했다. 1598년 노량 해전 중, 중조 양군은 일본군을 공격했고, 노량대첩의 승리를 얻었다. 일본의 한반도 확장 야심은 다시 무너졌다.

황해는 중국의 전략적 요충지이다. 이곳의 안위가 국가의 생사를 결정한다고 말 할 수 있다. 역사적으로 보면 황해와 중국 전략 구도와의 관계는 매우 밀접했다. 청왕조든 민국정부든 매번 나라가 위험해지는 시기는 황해가 침략 당했을 때였다. 근대 역사상 열강의 황해를 통한 중국 침략 시도는 모두 88회에 달했다. 근대 일본은 '대륙정책'을 세우고 대외 침략을 시도했다. 서기 1894년 중일 간 다둥거우^{大东沟}해상에서 해전이 일어났고, 중국은 패했다. 서기 1895년 청은 주권을 상실하고 국위를 실추하는 〈시모노세키조약〉에 서명했으며, 황해 해역은 일본의 동아시아 침략의 중요한 근거지가 되었다. 서기 1904년 일본과 러시아 쌍방은 뤼순항 바깥쪽 항해해역에서 전쟁을 일으켰고, 러시아군은 뤼순항으로 후퇴하면서 결국 포위망을 뚫는 것에 실패했다. 일본은 순조롭게 랴오닝반도를 세력 범위의 궤도 위에 올려놨다. 러일 전쟁은 중국의 영토 주권을 짓밟았고, 두 식민열강은 황해에서 전쟁을 일으켰으며 중국 권익에 심각한 손해를 끼쳤다.

현대의 황해 역시 평탄하지는 않다. 지난 세기 50년대 미국은 '제1도연^{第一岛链}' 전략을 제시했다. '제1도연'이란 북쪽 알류산열도, 일본열도, 류쿠열도에서 시작하여 중간에 타이완과 연결되고, 남쪽의 필리핀열도, 인도네시아열도, 그리고 태평양 해안선과 길게 평행을 이루는 곳까지, 중국의 해양경계 주변을 봉쇄시키는 전략이다. 황해는 제1도연에 포함되어 있다. 미국의 동북아시아 개입으로 볼 때, 황해의 지리적 위치 및 전략적 지위는 매우 중요하다. 그 동안의 미국의 행적들이 이것을 증명한다. 1994년 미국 항모함 '키티호크'는 황해에서 중국 핵 잠수함을 추격했다. 2010년 천안함 사건시 미국과 한국은 황해에서 군사 훈련을 시도했고, 중국정부와 인민들의 반대에 부딪치자 그만두었다.

신중국 성립 이후, 해방군은 가장 먼저 황해에 칭다오기지와 뤼순기지를 건립했고, 후에 1960년에는 통일된 북해 군대를 조직했다. 북해 군대는 중국의 3대 군대 중 실력과 군비가 가장 출중한 것으로 인식된다는 점에서도 알 수 있듯이 중국은 황해의 안보를 매우 중시한다. 일본의 역사 문학 작가인 시바 료타로^{司马辽太郎}은 '황해를 제압하는 자, 동아시아 대륙의 발언권을 주도할 것'이라고 말했다. 황해의 역사는 늘 각국의 전쟁터였기 때문에 황해의 군사적 지위를 무시할 수가 없다. 전체 동북아 정세로 볼 때 황해는 매우 중요한 전략적 가치를 지녔다.

:::황해의 경제 현황

고대 중국인에게 황해는 대외 교류의 무대인 동시에 중국 경제의 비약을 돕는 지역이었다. 현대의 황해 지역도 고도의 경제 성장을 이룩했다. '황해 경제구' 경제 발전구상은 세계 경제 통합 시대가 도래함에 따른 지역 경제 협력의 한 응용 사례로 볼 수 있다. 황해 경제구의 개념은 일찍이 한국학자가 제안한 것이었다. 현재 중국 학술계는 이 관점에 비교적 동의한다. 황해 경제구는 중국의 랴오닝성, 허베이성, 산둥성, 장쑤성, 베이징시, 텐진시, 상하이시, 한국의 서해안(경기도, 충청남도, 전라북도, 전라남도 포함), 일본의 구조와 사국지역을 포함한다.

　황해 경제구 중 중국의 네 개 성과 세 개 시는 황해의 지리적 장점을 더욱 돋보이게 한다. 경제 발전을 촉진시킬 뿐만 아니라 외부와의 경제 발전교류의 경로를 넓히기 때문이다. 이 지역은 동북아지역의 경제 번영에 효과적으로 기여하고 있다. 황해 경제 발전에 중국이 갖춘 우수한 요건은 아래와 같다.

::풍요로운 자원의 보고

황해는 풍요로운 자원의 보고이다. 인류전체에 해양 어업 자원, 석유 가스 자원 및 여행 자원 등 풍부한 에너지를 공급할 수 있다.

통계에 의하면, 황해에 출현하는 어류는 약 113과 321종이고 자원량은 51.26만 톤이다. 이는 해역 생물자원의 97.8%를 차치하는 양이다. 다양한 해양생물은 식용 및 의약품 등으로 사용되며 사람들에게 실용적인 가치를 제공한다. 근해 연안에는 석도어장, 청해어장, 해주완어장, 여사어장, 해양도어장, 해동어장, 위동어장, 석동어장, 연청석어장, 원동어장, 대사어장, 사외어장 등 많은 어장들이 분포되어 있다.

연구 결과에 따르면, 북쪽 황해 분지에는 우수한 화석 연료 생성 조건을 갖추고 있는데, 두꺼운 신생대 이암층과 높은 진흙 함유량도 좋은 조건 중의 하나이다. 특히 북황해 분지의 육지면과 단열구조는 천연가스 형성과 보존에 매우 유리하다. 모두 잠재된 에너지원으로 볼 수 있다. 일단 에너지원이 발견되면, 황해를 둘러싼 도시들은 그 이익을 나누어 가질 수 있을 것이다.

황해는 해안, 섬, 산악 등의 아름다운 해양 경관의 집결지로 볼 수 있다. 삼면이 바다로 둘러싸여 있으며 겨울은 따뜻하고 여름은 시원한 다롄금석탄과 편안하고 섬세한 아름다움을 자랑하는 칭다오금사탄은 사람들에게 휴식의 즐거움을 준다. 다롄의 성아 해양세계, 칭다오의 해저세계 및 극지해저세계는 해양 생물 전시 공원이다. 다롄의 장산도, 장흥도의 풍경 또한 아주 독보적이다. 칭다오의 노산, 옌타이강의 화과산, 난통 낭산의 북쪽에서 남쪽까지는 황해의 절경을 이룬다. 여행객으로 하여금 도교문화, 신화전설과 불교문화의 각각 다른 매력을 느끼게 해준다. 황해는 바다를 끼고 있는 각 성의 해안 개발로 수많은 여행객들을 유치할 수 있었다. 이는 국민 생산량을 증가시켜 지역 경제 발전에 공헌했다. 〈2011년 중국 해양연보〉에 의하면 2010년 강쑤성 연해지역에 방문한 여행객은 4308.3만명이 넘었다. 산둥성 여행 산업의 생산량은 1609.7억 위엔이며, 전년도 대비 22.7% 증가 했다.

::진취적인 해양 정책

중국은 90년대에 들어서면서, 해양 산업에 더욱 주목하기 시작했다. 해양 업무 매뉴얼을 만들고 해양 발전을 위한 프로그램을 짰다. 1991년, 국무원 은 전국해양공작회의를 열어 적극적으로 해양을 개발·이용할 것을 제안했 다. 1994년 국가과위와 국가해양국은 '과기흥해'를 조직해 과학기술로 해 양산업발전을 추진해야 한다고 주장하며, 모호한 개발 방법을 바꾸어야 한다고 말했다. 1995년 국무원의 비준을 통해 국가계위, 국가과위, 국가해 양국은 〈전국해양발전규획〉을 발표했다. 개발과 보호를 결합한 해양산업 구조 구상과 제 2·제 3의 해양산업 발전에 비중을 두자는 내용이었다.

　1996년 해양국 조직은 〈중국해양 21세기의정〉을 출판했다. 이것의 기본 전략 원리는 첫째, 해양경제 발전을 중심으로 빠른 개발에 적응하는 것, 둘 째, 해상과 육지의 공동 개발, 셋째, 과학과 교육으로 해양 흥성 및 조화 발 전이다. 1996년 하반기, 해양 '863계획'에는 해양을 제 8영역에 포함시키고, 비교적 전문성 있는 주제들에 대해 이야기 했다. 예를 들면, 해양 모니터링 기술, 해양 생물 기술, 해양 탐사와 지질구조 탐색 기술등이다. 1998년도 국무원은 〈중국해양사업의 발전〉을 발표했다. 전체적인 해양자원 이용 시, 국가해양권익을 효율적으로 보호하고, 해양자원을 합리적으로 개발·이용하며, 철저하게 해양 생태 환경 보호하고, 환경의 지속가능성과 해양 산업과의 조화 발전을 실현해야 한다고 요구했다.

국가는 해양을 개발 · 이용 · 보호하는 것을 중요시하며, 황해 경제구의 개발을 정책적으로 보장해주었을 뿐만 아니라 지방 행정이 해양 경제 발전에 적극적으로 동참할 수 있도록 지원했다. 90년대에는 '산둥성 바다를 밭처럼 일구고 물고기를 길러내는 경해목어 정책^{耕海牧漁}'을 내세우기도 했다. 또한 강쑤성은 '바다에서 보물을 찾아라'라는 구호로 사람들을 적극 동원하기도 했다. 2011년 국무원은 산둥성 〈산둥반도 '청색경제구역' 건립 규획〉과 〈강소 연해 구역 발전 규획〉을 통과시킴으로써, 산둥성과 강쑤성 연해 개발을 국가적 전략 차원으로 접근했다.

::연해항구의 발달

항구는 저장 및 전달하는 수송 기능과 종합적인 생산 능력을 갖고 있다. 수많은 인재와 화물, 상품, 자금, 기술, 소식들이 항구로 모인다. 또 대외 무역의 광범위한 무대를 제공한다. 국가 교통부는 주요 연해항구의 명단을 발표했고, 황해 연안의 항구들이 그 중 반 이상을 차지했다. 다롄항, 옌타이항, 칭다오항, 일조항, 연운항이 대표적이다.

2006년 국무원은 〈전국 연해항구 구성 규획〉을 심의 · 통과시켰다. 규획에서는 5개 항구군을 공식적으로 선포했는데, 황해연안의 항구는 보하이만 항구군과 장강삼각주항구군으로 구분되어졌다. 그 중 다롄, 옌타이, 칭다오, 일조, 연운항구는 중요한 운송 전달 시설로 분류되었다. 이곳에서는 석유, 액화천연가스, 철광석, 식량 등의 산적화물이 운송되고 있다. 다롄, 톈진, 칭다오 등 항구에는 컨테이너들이 집중되어 있어 운송 시스템의 중요한 역할을 하고 있다.

황해 경제지구 중 칭다오항, 다롄항, 일조항의 화물량은 중국 내 10위권 안에 든다. 이러한 항구는 황해 경제구 발전에 큰 영향을 미치고 있다.

다롄항은 자연적으로 우수한 요건이 갖추어진 경우이다. 항이 넓고 물이 깊으며 쉽게 얼지 않아 배의 정박과 통행에 유리하다. 다롄의 경제 중심지는 흑, 길, 요 세 개의 성이고 철강, 원목, 원유, 천연자원이 풍부하다. 다롄항은 서북 태평양의 중추에 위치해 있기 때문에 중국 내외의 화물 운송을 위한 편리한 서비스들을 제공할 수 있다.

칭다오항은 자오저우만^{胶州湾}에 위치하고 동북아 지역을 향해 있는 주요 항구이다. 일본과 한국이 바다를 사이에 두고 마주보기 때문에 칭다오항은 삼국 무역의 최전방이라고 할 수 있다. 심해(심양에서부터 렌원강까지), 지청(지나인에서부터 청도까지), 환자오저우만(청도남쪽 지역) 고속도로는 모두 청도를 거치기 때문에 청도의 운송 시스템은 발달할 수밖에 없었다. 수입된 상품들이 이 고속도로를 통해 유통·확산되고 있다. 칭다오항은 석유, 철광, 등유 등의 자원을 운송하고 있으며 그 물동량은(처리량) 3.75만 톤으로 전국 5위이다. 2009년 동가구^{董家口} 항구 건설은 청도 항구 건설 목표의 주요 항목으로 분류되었다. 청도시는 항구를 확장하고 항구 기능을 향상시켜 물동량 40만 톤의 항구 건설을 추진하고 있다. 항구의 주요 기능은 화물의 집산과 자원의 저장 및 운송이다.

::해양 경제의 번영

새로운 해양 시대를 맞이하여, 황해 경제 구역의 도시들은 '산둥청색경제구역', '강소연해발전규획' 등 국가적 지원에 따른 해양 경제 개발을 추진했다.

〈중국 2012년 해양 경제 통계 공보〉에 의하면 중국 해양 경제 생산 총 가치는 50,087억 위엔이고 전년도 대비 7.9% 증가했다. 해양 생산 총 가치는 중국 내 생산 총 가치의 9.6% 정도를 차지하고 있다. 산둥성 해양 생산 총 가치는 약 8,300억 위엔이고 강수성은 4,800억 위엔이다. 두 성의 가치를 종합하면 전국의 1/5 이상을 차지한다.

산둥성은 원양 어업의 보급지로서 많은 원양 어업 기업들이 산둥성에 있다. 원양어업에 종사하는 선박은 552척이며, 총 13개 항목에 종사하여 18.6만 톤의 생산량 및 생산 가치 22.5억 위엔을 이루었다. 더 나아가 산둥성과 강수성은 근해 어획량을 감소시키고 해양 생태계 균형을 유지하고 양식업의 발전을 중시하고 현대화된 어업 환경을 조성하고자 한다. 산둥성과 강수성에서는 많은 수산 양식장이 있으며 주로 해삼, 새우, 가리비, 게 등의 해산물을 양식하고 있다. 그래서 휴어기간에도 시장에 해산물을 제공할 수 있고 소비자들의 요구를 만족시킬 수 있다. 산둥성과 강쑤성은 어업 산업 구조를 최적화하기 위해 해산물을 정교하게 가공 할 수 있는 기업들을 유치하고 해외 마케팅을 통해 해산물 소비 경로를 넓히고 국내외 고객들을 이끌어 어업 경제 발전에 기여하고 있다. 강쑤성은 해양 어업 발전 규획에서 '만천백십万千百十'이라는 목표를 세우고 어선을 개조하고 규격화된 기준과 첨단기술을 이용하여 어선의 안전성을 높였다. 에너지 절약과 오염물 배출 감소를 통해 효율적이고 친환경적인, 동시에 안전한 어업 발전 패러다임을 실천하고 있다. 어민의 생활수준과 행복감을 높이고 모두 함께 노력하여 해양을 개발·이용하고자 한다.

황해 지역은 중국 원염의 주요 생산지이며, 산둥, 강소, 랴오닝 등 북방 해염생산지에는 중국해염 산업이 집중되어 있다. 2010년 중국 해염 생산량은 산둥성 2273만 톤, 강쑤성 149톤, 랴오닝성 146톤의 순이었다. 이것은 전국 소금 생산량 중 3286만 톤을 차지하는 양이다. 북방에는 이러한 풍부한 해염자원을 이용하는 제염기업들이 분포되어 있고 수입도 적지 않다. 해양 염업 통계 자료에 따르면, 2010년 북방 해염구의 제염 공업 기업들의 총 생산량은 1,672,917만 위안에 다다랐다. 1,261,930,000위안 총 이윤은 전국 해염 이익의 99%를 차치한다.

::활발한 무역 교류

황해 경제구의 경제 발전은 중일한 삼국 간에 경제 무역 합작이 이루어낸 것이다. 지역적으로 중국과 한국, 일본은 바다를 사이에 두고 마주보고 있고 삼국은 이웃국가로서 친밀한 관계를 유지하고 있다. 삼국은 문화적으로도 공통점을 가지고 있으며, 지역과 문화의 근접성은 삼국 경제 협력의 가능성을 높였다. 한국과 일본은 자원이 부족한 국가에 속하지만 중국은 자원 및 노동력이 풍부하고 시장 또한 넓다. 그리고 한국과 일본의 선진 기술로 삼국의 경제 호환성은 매우 크다. 삼국 모두 10+3, APEC, G20 등의 국제기구 구성원으로서 교류 협력의 기회가 많다. 삼국은 경제 무역 협력을 추진하고 자신의 필요를 취하여 지역 경제 공동체를 실현시키고 있다.

90년대 초 중국은 산둥반도 해양 경제를 발전시키기 시작했다. 당시 한국은 '서해안 개발 계획'을 추진 중에 있었고, 일본은 쿠우슈우九州 지역의 낡은 공업지구를 개조하는 것에 집중하고 있었다. 이 모든 것이 황해 지역 경제 발전에 좋은 기회들을 제공했다. 상무부 아시아과의 통계에 의하면, 2012년 중국과 한국, 중국과 일본 사이의 무역액은 각각 2,151.1억 달러, 3,325.8억 달러였다. 삼국 간의 무역 발전 속도는 빠른 편이다. 중한의 무역액은 양국 수교 초기와 비교했을 때 50배를 넘었고, 중일의 무역액은 90년대에 비해 14배나 뛰었다.

현재 한국과 일본 모두 중국의 중요 수입 및 수출 시장으로써 긴밀한 무역 동반자 관계를 유지하고 있다. 최근 각국 정부 간 고위 교류 회담은 삼국이 경제 발전에 전력하도록 했다. 2001년 이후에 중일한 경제 무역 부장 회의는 9회 열렸다. 삼국은 무역 보호주의를 모두 반대하며 평등, 자유, 개방의 국제 무역 체제를 지지했고, 중일한 자유무역지역 협상을 적극적으로 추진했다. 2013년 중일한 삼국의 첫 번째 자유무역 교섭은 한국에서 순조롭게 개최되었다. 자유 무역 지역이 설립된디면, 중일한 삼국 교역의 거래비용은 큰 폭으로 떨어질 것이고 자원 배분도 더욱 합리적일 것이며, 무역 투자의 효과 및 생산성도 높아질 것이다.

그러나 중국 황해지역을 둘러싸고 해양 산업, 지역 교류 및 환경 보호 방면에는 여전히 몇 가지 문제들이 있다.

첫째, 해양산업의 어려움:

2012년 중국 국내 생산 총량은 519,322억 위엔에 다다랐다. 전국 해양 경제 총액은 50,087억 위엔으로 전국 국내 생산 총액의 약 9.6%를 차지한다. 90년대와 비교했을 때 해양 경제는 큰 발전을 이루었다. 그러나 아직 해양 경제 발전에는 여전히 풀어야 할 문제들이 있다.

주요 어업 지구는 모두 산둥과 강소등의 황해 해역에 집중되어있다. 오랜 시간의 거친 어획 방법 및 어업에 대한 낙후된 사고방식들은 해양 어업 자원의 심각한 고갈 상태를 초래했으며 해양 생태계의 파괴 또한 그러하다. 몇몇 희소가치를 지닌 해양 어류는 이미 멸종되었다. 간단한 수공업에서 현대화된 어획 기술로 변화되면서 어민들은 편파적으로 경제 효율만을 추구하고 잔혹하게 또는 과도하게 어류를 잡아들이기 시작했다. 이는 해양 생물의 번식 체계를 극단적으로 파괴하기도 했고, 해양 생물 재생 능력에 해를 끼쳤다. 이는 지속 가능한 어업 발전에 가혹한 도전을 주었다.

해양 조선업을 보면, 국제금융위기로 인해 세계 조선업은 큰 타격을 받았고 배의 주문량은 줄었다. 황해구역에 있는 조선업들도 예외 없이 불황을 맞이했고, 국내 1위의 강쑤성의 조선업마저도 어려움을 겪었다. 통계자료에 의하면 강쑤성 조선의 완공 기간의 속도는 점점 늦어지고 있다. 103척 선박의 적재량은 372.1만 톤이고 전년도 대비 7.4% 늘었다. 주문서의 축소를 명백히 보여주고 있다. 832척 선박의 적재량은 3791.2만 톤으로 27.7% 줄었다. 이와 같이 강쑤성 조선업은 현재 배를 납품하는 것도 어렵고 주문을 받는 것도 어려운 처치이다.

황해지역의 전통 해양 사업은 그 구역 해양 경제의 주요 수입원이다. 그러나 해양어업, 제염업과 조선업 등의 산업 발전 과정 중에 계속적으로 드러나는 문제점들은 해양 경제 성장 속도를 더디게 한다.

둘째, 해양 권익 투쟁의 문제:

동아시아의 중일한 삼국은 해양자원 및 자국의 해양권익을 매우 중시한다. 삼국간에 해양투쟁은 여전히 존재한다. 그 중에서도 섬에 대한 분쟁 문제가 가장 심각하다. 1982년 〈유엔해양법공약〉이 공포된 후 배타적 경제수역의 확립은 각국 해양경제이익에 영향을 미쳤다. 한일 간의 독도 분쟁, 중일 조어도 분쟁이 점점 심각해졌다. 이러한 분쟁이 직접적으로 황해 해역에서 발생한 것은 아니지만, 작은 진동이 온 몸을 움직이듯, 섬 분쟁은 황해에까지 영향을 주었다. 동해, 남해, 보하이만과 황해 모두 중국의 바다를 구성하고 있고 서로 연결이 되어 있기 때문에 다른 해역에서의 불안정한 요소와 군사 충돌은 황해 지역의 안보까지 위협한다. 군사 및 정치적인 요인으로 인한 지역 해양 안보의 불편한 상황은 지역 간의 경제 교류에 타격을 입혔다.

셋째, 황해 오염의 가속화:

황해 오염문제는 유래가 깊다. 〈중국 근해 1995년 환경 품질 검사 현황〉의 기록에 의하면, 지난 세기 90년대부터 보하이만, 황해 북쪽 지역, 영구^{营口}, 판진^{盘锦}, 텐진, 다롄, 칭다오의 하구와 만의 오염은 심각하다. 근해의 주요 오염은 무기질소, 무기질인, 영양염의 오염과 일부 해역의 기름 유출로 인한 오염이다. 황해 경제구의 공업이 발전함과 동시에 양식업과 지하지원 개발이 활발해지면서 황해의 환경 변화는 사람들로 하여금 우려를 낳고 있다. 〈중국 해양 환경공보〉에 의하면 2011년과 2012년 중국 황해안의 평균 수질보다 낮은 4등급 판정을 받은 면적은 각각 3,010㎢와 6,990㎢였다. 황해해역은 주요 오염구역 중 하나이다. 오염의 근본 원인은 육지에 있다. 연해의 제지업, 화학공업, 기계, 천연가스 공업이 바로 그 것이다.

:::: 황해의 미래

황해 경제권은 일본의 쿠오슈우도^{九州岛}, 한국의 전라남도와 전라북도 충청남도, 경기도, 부산, 대전과 인천, 중국의 베이징, 텐진, 산둥, 장쑤와 하북과 랴오닝 등 세 나라의 중심지역을 둘러싸고 있다. 한국의 이명박 전 대통령은 이 지역 내 국가 간 경제 협력을 제안한 바 있다. 황해는 동북아의 '내해'가 될 수도 있었다. 한국의 연구기관들은 해저터널을 이용하여 한국의 서해안과 중국의 산둥지역을 연결하고, 고속철도를 건설하는 방안을 구상하기도 했고 한중일 275억만원의 경제권 형성을 기대하기도 했다.

황해는 중요한 자원의 보고이다. 12·5기간^{十二五期間} 동안 중국은 '해양 경제규획'을 제정했고, 2011년부터 2015년까지 전국 해양 경제 발전의 방향을 결정했다. 해양 경제 발전의 문제를 지적한 '규획'은 전체적으로 다음과 같은 목표를 두고 있다. '해양 전통 산업 개조', '우수한 해양 선박업 강화', '대해양 공청 설비 제조업 공고화', '해양 경제의 전체적인 실력 강화', '해양 과학 창조 능력 강화', '해양의 지속 가능한 발전 능력 강화', '해양 산업 구조 최적화'가 그 내용이다.

어업의 지속 가능한 발전을 실현하기 위해 중국은 계속적으로 어획 금지 제도를 실시할 것이다. 황해 해역에서도 두 달에서 세 달까지 어획을 금지하고, 원양어로와 인공 산호초 건설을 지원하며, 원양 양식 기술을 이용하여 해양 오염을 감소시키고 있다. 황해 지역 선박 기업들 간의 합병구조조정, 자원통합, 기술갱신, 대형 화물 선박 설계의 최적화, 유조선, 컨테이너박스 선박 경제는 침체상태이다. 해양 전통 산업의 지속적인 발전이라는 기본 위에 해양 신흥 산업의 투자 발전이 시급하다. 강쑤성과 산둥성은 이미 황해 풍력 자원을 이용하기 시작했다. 풍력 터빈의 설치, 풍력 단지 건설로 대규모 해양 전력업의 초기 개발의 모습을 갖추고 있다.

황해 지역의 넓은 해변과 대량의 소금 생산은 해양 화학산업 발전의 물질적인 토대가 되었다. 산둥 수광^{寿光}은 이미 '중국 해양 화공산업의 기초'단지가 되었다. 수광시는 주변 지역에도 영향을 미쳐 황해는 이미 해양 화공산업의 집결지가 되어가고 있다. 또한 황해 지역에 레스토랑, 호텔, 엔터테인먼트 시설 등을 건설하는 관광 자원 개발로 국내외 여행객들을 유치하고 있다. 해양 도시로서의 지명도를 높이고 해외 투자를 이끌어내며, 황해의 레저산업은 해양 산업 발전의 또 다른 가능성이 되고 있다.

　중국은 해양 경제 발전에 부정적인 사건 중 하나로 해양 환경의 악화를 꼽는다. 황해 지역에 있는 중일한 삼국은 모두 북서 태평양 보호 행동 규획, 동아시아 해양 환경 협력 기구 등의 국제 해양 환경 보호 활동에 적극 참여하고 있다. 중국은 지속적으로 황해 환경에 대해 감독할 것이며 한국과 일본 역시 해양환경보호 협력 방안을 구상하고 대륙에서 나오는 오염물의 배출량을 통제할 것이다. 중국은 해양 공업 발전 지역에 대해서는 엄격한 오염 방지 계획을 실천하고 항구와 선박의 오염물을 규제할 것이다. 또한 정기적으로 환경 현황 공보 통계를 냄으로써 오염을 조기에 처리하고 문제에 대한 해결책을 찾아 황해의 해양자원과 환경을 보호하는데 최선을 다할 것이다. 그리고 해양 과학 교육을 통해 국민의 해양 의식을 강화하고 해양 환경을 파괴하는 행위를 제재할 것이다. 개발과 보호를 동시에 실천해야 지속적인 황해 발전을 이루어 나갈 수 있을 것이기 때문이다.

:::맺음말

황해는 예로부터 동북아 각국 교류의 중요한 통로이며 때로는 각국의 각축장이 되기도 했다. 현대 황해에는 중국 주요 항구군이 있고 세계 각지에 도달할 수 있는 해상 항로가 분포되어 있다. 세계 30대 항구 중 3위를 기록한 황해는 동북아 해상 물류의 중심지이다. 동북아 각국 경제 발전에 맞추어 황해의 경제적 기능이 점점 두드러지고 있으며 중일한 삼국의 황해에서의 경제 교류 또한 날로 잦아지고 있다. 최근에 중일한 삼국 자유무역지구 성립의 가능성이 점차 확대되고 있다. 만약에 자유무역지구가 성립된다면 중일한 삼국은 관세인하 및 무역 장벽 철폐로 상품유통이 원활해져 경제 교류와 협력이 더욱 긴밀해질 것이다. 황해 경제권은 아시아 경제 번영의 중추가 될 수 있을 뿐만 아니라 세계경제의 중심으로 발전할 가능성도 있다.

황해는 동북아지역의 전략 중심지이다. 황해의 안보는 곧 동북아의 안보를 의미한다. 황해가 불안정하다면 동북아는 지속적으로 발전하기 어려울 것이다. 황해와 연결된 각국은 상호간의 이익을 존중하고 마찰을 줄여 평화로운 바다, 행복한 바다를 이루어야 할 것이다.

번역: 김고운

찾아보기